Sonja Szielinski

The Rainbow Path

Das
Göttinnen
Prinzip

Die 7 Wege zur Supergöttin

Die Ratschläge in diesem Buch sind sorgfältig erwogen und geprüft. Sie bieten jedoch keinen Ersatz für kompetenten medizinischen Rat, sondern dienen der Begleitung und der Anregung der Selbstheilungskräfte. Alle Angaben in diesem Buch erfolgen daher ohne Gewährleistung oder Garantie seitens der Autorin oder des Verlages. Eine Haftung der Autorin bzw. des Verlages und seiner Beauftragten für Personen-, Sach- und Vermögensschäden ist daher ausgeschlossen.

ISBN 978-3-8434-1232-2

Sonja Szielinski:	Umschlag: Murat Karaçay, Schirner, unter
The Rainbow Path	Verwendung eines Bildes von Konstantin
Das Göttinnen-Prinzip	Dahlem sowie #185032196 (©spline_x),
Die 7 Wege zur Supergöttin	www.shutterstock.com
© 2016 Schirner Verlag, Darmstadt	Layout: Simone Leikauf, Schirner
	Lektorat: Kerstin Noack, Schirner
	Printed by: Ren Medien GmbH, Germany

www.schirner.com

1. Auflage Juni 2016

Alle Rechte der Verbreitung, auch durch Funk, Fernsehen und sonstige Kommunikationsmittel, fotomechanische oder vertonte Wiedergabe sowie des auszugsweisen Nachdrucks vorbehalten

Ein kurzes Vorwort des Verlags

Wir als Verlag sind stets darauf bedacht, in unseren Veröffentlichungen eine möglichst klare und ursprüngliche Sprache zu verwenden und Anglizismen so weit wie möglich in schönes Deutsch zu überführen. Bei diesem Buch haben wir eine Ausnahme gemacht. Die Autorin, Sonja Szielinski, hat uns mit ihrem packenden und modernen Sprachstil überzeugt, und wir wollten hier nicht eingreifen, weil wir ihn als besonders authentisch empfinden. Eine entsprechende Erläuterung seitens der Autorin lesen Sie in den Q&As auf Seite 242.

Dieses Buch widme ich voller Liebe und Dankbarkeit meiner Mama-Göttin Marga.

Du fehlst mir.

Inhalt

Glossar 10

Vorwort von Jeanne Ruland 15

Einleitung 17

(Re-)Fresh Start – Startschuss ins Leben einer Supergöttin 28

Deeper into the mysteries –
Tauchen wir tiefer in das Mysterium des Lebens ein! 78

Wer oder was ist die Supergöttin? 98

Der Dämon in dir 122

Die sieben Wege zur Supergöttin, deinem
höchsten Potenzial – einem ganzheitlich glücklichen Leben ... 134

Die Wiederherstellung des Urzustands 186

Das Ende der Dualität 204

Into the Flow –
Übungen, die dir helfen, dich göttlich zu fühlen 212

Vorsicht Falle! Von der Krux beim Lesen
hoch schwingender Bücher 221

Zusatzkapitel: Du bist bereits erleuchtet 225

Checkliste auf dem Weg zur Supergöttin:
21 Zeichen dafür, dass du bereits ganz gut unterwegs bist 231

Anhang: Bewusstseinsstufen und kognitive Dissonanz 235

Q&As 242

Danksagung 254

Über die Autorin 259

Der E-Kurs zum Buch 260

Bildnachweis 261

Glossar

AllesWasIst
Das große Ganze, von dem jede Göttin, jeder Gott und natürlich auch alle MainstreamMenschen ein Teil sind; VaterMutter-Gott-Göttin; das Allumfassende

Attitude
Frequenz, Stimmung, Befindlichkeit, Einstellung, Haltung, Gemütszustand, Gefühlslage, Schwingung, Attitüde, Ausstrahlung

BewusstSein, Bewusstsein, bewusst sein
Der »Stoff«, aus dem alles ist, der alles durchzieht, aus dem wir bestehen; auch Geist genannt; das Bewusstsein ist das »Gewebe« des Universums; vor dem Bewusstsein liegt der »Zustand« der Unendlichkeit, das Nichtsein; das Bewusstsein wird dem Sein zugedacht; nach meiner Erfahrung ist Bewusstsein, also auch »bewusst sein«, mit dem gleichzusetzen, was wir als bedingungslose Liebe bezeichnen – Liebe, die keinen Grund braucht, um zu sein; sie ist.

Bliss
Glückseligkeit

Dämon
Der innere Dämon, das Ego, die kollektiven und die individuellen Programmierungen, die die Wahrheit über unsere Göttlichkeit vor uns verbergen und uns entgegen unserer eigentlichen Wahrheit (der Liebe) denken, handeln und wünschen lassen; mit Abstand betrachtet ein guter Freund, der uns überhaupt erst erlaubt, die köstliche Erfahrung des Aufwachens und der Selbstermächtigung zu machen

DivinePowerBooster (DPB)

Alle Formen von positiven Gedanken; Affirmationen, bejahende, lebensfrohe Gedanken; Gedanken, die mit der Liebe/Wahrheit übereinstimmen; bewusst gewählte, positive Gedanken, die gezielt eingesetzt werden, um Stimmungslagen zu verbessern bzw. neue Realitäten zu erschaffen und/oder The Net aufzulösen

Energy Writing

Eine Form des Schreibens, bei der der Autor sich bewusst in einen hoch schwingenden Energiezustand (der Liebe, der Empathie, ...) versetzt und diesen erweiterten Bewusstseinsgrad in sein Werk einfließen lässt. Die entsprechende Energie wird so auf den Leser übertragen und kann bei dessen Transformations- oder Erwachensprozess behilflich sein. Natürlich muss der Leser offen und empfänglich für diese Schwingungen sein. Grundsätzlich werden bei jeder (kreativen) Arbeit entsprechende Energien übertragen – beim Energy Writing wird dies gezielt und mit entsprechenden (positiven) Absichten eingesetzt.

GoddessAttitude (GA)

Die Haltung einer Göttin; GA ist die Abkürzung für die göttliche (innere) Haltung.

Göttin/Gott

Ein Individuum, das seine göttliche Herkunft akzeptiert und beschlossen hat, das Steuerrad seines Lebens (wieder) in die Hand zu nehmen, das sich hinterfragt, sich in eine zunehmend bessere, erwachtere Version seiner selbst transformiert (zu dem wird, was es eigentlich ist: Liebe); auch: bereits erfolgreich zurückverwandelter MainstreamMensch

Good Vibes
Gute Schwingungen; positive Energie; Segnungen

MainstreamMensch
Jemand, der sich seiner Göttlichkeit nicht bewusst ist und/oder sich nicht damit auseinandersetzt/auseinandersetzen will; jemand, der unbewusst durchs Leben geht; jemand, der sich nicht transformiert/ hinterfragt – was vollkommen okay ist; dieser Begriff ist nicht abwertend gemeint, sondern dient nur als Bezugsrahmen, um besser erklären zu können, was eine Göttin bzw. einen Gott ausmacht.

Manifestieren/Manifestation
Das bewusste, gezielte Erschaffen einer neuen/alternativen Realität/ Erfahrung/Sache durch den Einsatz von Visionen/Bewusstsein/geeigneten Techniken

Mindset
Denkweise

Namasté
Namasté ist ein unter Hindus bekannter Gruß, der in etwa bedeutet: »Ich ehre den Platz in dir, in dem das gesamte Universum residiert. Ich ehre das Licht, die Liebe, die Wahrheit, den Frieden, die Schönheit und die Weisheit in dir, denn diese sind ebenso in mir. Im Teilen dieser Dinge sind wir vereint, sind wir ein- und dasselbe. Ich ehre den Platz in dir, wo wir beide nur noch eins sind.«

Nullpunktfeld
Die »Ursuppe« unserer Existenz; der »Ort«, an dem alle Möglichkeiten existieren, aus denen wir durch Entscheidungen weitere Handlungsverläufe in unserem Leben hervorrufen; ähnlich wie bei

GLOSSAR

einem (interaktiven) Computerspiel, in dem ebenfalls verschiedene (nur eben nicht unendliche) Spielzüge vorgesehen sind, die dann den weiteren Verlauf des Spiels beeinflussen, je nachdem, welcher Spielzug bzw. welche Quantenmöglichkeit gewählt wird; die »Spielzüge« existieren potenziell, werden durch die Wahl der Handlung aktiviert und ziehen dann die daraus folgenden Ergebnisse nach sich.

Quantenphysik, Quantenmöglichkeit

Die Quantenphysik beschreibt unsere Welt als einen Dualismus aus Teilchen und Wellen. Sie legt nahe, dass das Bewusstsein permanent aus unendlichen Möglichkeiten oder Quantenmöglichkeiten wählt und so Realität kreiert. Geist beeinflusst die Erfahrung/Materie.

RealityObserverSyndrome (ROS)

Auch: Realitäts-Beobachter-Syndrom; bezeichnet die kollektive, ausgesprochen weit verbreitete Störung, die die wahre Schöpferkraft des Individuums nicht anerkennt – entweder aus Unbewusstheit, Ignoranz, Programmierung oder aufgrund bestimmter Glaubenssätze; die Realität wird beobachtet und somit verstärkt, nicht aktiv-schöpferisch geschaffen und modelliert; das Gegenteil des ROS ist aktives (Mit-)Schöpfertum, in dem man sich selbst als Visionärin/Visionär betätigt und die Realität aktiv (mit-)gestaltet, statt sie hinzunehmen oder sich ihr gar ausgeliefert zu fühlen.

Supergöttin/SuperGott

Eine mögliche Quantenrealität; die gelebte Erfüllung all unserer Träume existiert bereits auf einer anderen Ebene, diese Ebene kann durch entsprechende Angleichung an die Schwingung der Supergöttin im Hier und Jetzt erlebbar gemacht werden; die Version von uns, die alles ist, alles hat, alles erlebt, was wir von Herzen gern möchten; auch: Höheres Selbst im weiteren Sinne

TGA
»The Goddess Attitude«, abgekürzt

TRP
»The Rainbow Path«, abgekürzt

Unwiderstehlichkeit
Der Zustand, in dem uns alles zufliegt, was wir als wünschenswert betrachten; die Gefühlslage, in der wir unwiderstehlich sind, also keinen Widerstand gegen die Segnungen des Kosmos hegen; in diesem Zustand tun wir automatisch das Zielführendste, um uns der Supergöttin anzugleichen, d.h. immer mehr Segnungen in unser Leben zu lassen.

Vibration
Schwingung

VORWORT
von Jeanne Ruland

Suche nicht nach einer Prinzessin, die gerettet werden muss, erwecke die Göttin in dir, die ihr Leben frei und unabhängig glückeinwärts mit Leichtigkeit und Freude gestaltet. Die Göttin trägt alles in sich, erschafft träumend und kann jeden Traum in die Wirklichkeit holen. Das Paradies ist immer noch am Werden, und jeder Tag ist ein neuer Anfang und ein großartiges Geschenk der liebenden Göttin an uns. Packen wir es aus – Sonja Szielinski zeigt uns, wie es geht.

Sonja Szielinski hat mich mit ihrem ersten Buch »The Goddess Attitude – Die Haltung einer Göttin oder Wie werde ich unwiderstehlich?« sofort angesprochen. Dieses Buch ist zutiefst inspirierend und auf klare, moderne, humorvolle Art aufrüttelnd. Es ist ein Weckruf für die Seele, dem ein Aufbruch in eine neue Zeit folgt. Eine friedliche, kraftvolle Revolution glückeinwärts. Sonja lebt, was sie schreibt – authentisch und kraftvoll.

Nun halte ich den zweiten Band, »The Rainbow Path – Das Göttinnen-Prinzip«, in Händen. Es fühlt sich großartig an, da ich den »wachrüttelnden«, modernen, klaren Geist des sich erneuernden Göttinnenpfades in meinen Händen förmlich fühle.

Das, was im ersten Band angestoßen wurde, kommt jetzt in die Aktion – mit modernen Techniken und vielen kleinen Wegweisern am Rande, die mich direkt in der Seele ansprechen. Wunderbar, zauberhaft, verführerisch, brillant und aufrührerisch werden in diesem Buch die Schritte beschrieben, die wir jetzt aktiv tun können, um unsere Realität glücklich zu gestalten.

Frieden und eine stille, klare, funkelnde, sonnige Heiterkeit durchziehen Sonjas Texte. Die Supergöttin mit unendlich vielen Quantenmöglichkeiten ist für mich DAS Bild einer neuen Zeit, die sich nicht mehr aufhalten lässt – einfach Göttinnenmagie der feinsten und modernsten Art.

Danke, liebe Sonja, für deine wunderbaren, göttlichen, brillanten Impulse deiner eigenen, freien Realitätsgestaltung. Genießen wir unser Dasein, erleben wir eine erfüllende Freiheit und planen ein Wunder. Ich bin dabei.

I LOVE IT.
Jeanne Ruland

Einleitung

Hallo, du wundervolles Wesen! Ich freue mich, dass du deine Aufmerksamkeit diesem Buch schenkst, denn ich denke, dass es dir wertvolle Informationen zu geben hat, die dich befreien, beglücken und erleuchten werden – wenn du es zulässt. Dieses Buch ist der zweite Teil einer Trilogie: Während ich mich in meinem ersten Buch »The Goddess Attitude – Die Haltung einer Göttin oder Wie werde ich unwiderstehlich?« hauptsächlich damit befasst habe, zu erklären, weshalb wir göttlich sind, weshalb wir zweifelsfrei alles verdient haben, was wir haben und erleben wollen, und wie wir uns das Mindset einer Göttin aneignen, beschäftigen wir uns hier ganz konkret mit der Heilung und dem »In-Fluss-Bringen« der einzelnen Lebensbereiche. TGA war eher allgemein gehalten, was das Erlangen des Lebens unserer Träume betrifft. Mit »The Rainbow Path« erarbeiten wir uns gemeinsam die konkreten (emotionalen) Zustände zum Erschaffen neuer, wünschenswerter Realitäten. Obendrein enthält es zusätzliche Einsichten, Übungen und Tipps. Du musst das erste Buch nicht gelesen haben, um mit diesem hier arbeiten zu können. Jedoch werde ich einige Ansätze aufgreifen, die du bei Bedarf in meinem ersten Buch genauer nachlesen kannst, solltest du tiefer in das »Wieso-weshalb-warum« einsteigen wollen.

Lass mich dir eine Frage stellen:
Was willst du?

Gemeint ist alles, was du wirklich in deinem Leben erfahren, haben, sein möchtest. Ist es ein neues Haus, ein Zwölfzylinder, die Liebe deines Lebens, tolle Urlaube, Wissen, Karriere, Erfolg, Gesundheit, ein fitterer, schönerer Körper? Was wäre dir jetzt wichtig, wenn das Leben ein Wunschkonzert wäre (und das ist es)? Worauf würde deine Wahl fallen, wenn dir niemand reinredete? Was würdest du tun, haben, sein? Nimm dir einen Moment Zeit, und male es dir genau aus ...

Die Welt liegt dir zu Füßen, Göttin. Was willst du?

Jetzt kommen wir der Sache schon näher: Wie würdest du dich fühlen? Welchen Unterschied würde das für dein Leben bedeuten? Wie anders würdest du denken, sprechen, handeln? Was ist es, das dich wirklich antreibt?

Ich bin davon überzeugt, dass unser wahrer Antrieb – unser Motor hinter allem, was wir denken und tun – das Glück ist.

Ich wünschte, alle Menschen könnten reich sein. Dann würden sie merken, dass dies nicht die Antwort ist.

frei nach Jim Carrey

Wir wollen glücklich sein ... oder Schmerz vermeiden, was auf dasselbe hinausläuft. Vorausgesetzt wir sind geistig gesund, streben wir in der Regel nach guten Gefühlen – nach Glück, Wohlbefinden, befriedigendem Selbstausdruck, schönen Erlebnissen, danach, uns mit fröhlichen Menschen zu umgeben, und Glückseligkeit. Natürlich sind dazu auch eine gewisse materielle Fülle von Dingen, entsprechende Umstände oder Menschen vonnöten, doch ohne deine Bereitschaft und Fähigkeit, das Glück anzunehmen und

EINLEITUNG

wertzuschätzen, kannst du im Paradies sitzen und dennoch unglücklich sein. Glück ist eine Frage der inneren Haltung, deiner Sichtweise(n). Glück ist sogar – ganz unromantisch betrachtet – eine chemische Angelegenheit, ein chemischer Prozess in deinem Körper: Du denkst einen Gedanken. Mit ihm beginnt die Verkettung der Ereignisse. Er ist der Auslöser dafür, dass in deinem Körper Botenstoffe ausgesandt werden, die ein zu dem Gedanken passendes Gefühl erzeugen. Folglich führen glücksfördernde Gedanken zu Glücksgefühlen. Das klingt in der Tat unromantisch. Doch ist es nicht auch mindestens ebenso herrlich zu wissen, dass es funktioniert und dass du deine Gefühle allein durch deine Gedanken steuern kannst? Wir alle haben einen freien Willen. Und letzteren BEWUSST zu gebrauchen, wo er uns schon gegeben ist, dies dürfen wir (wieder) erlernen.

Wir alle sind Schöpferinnen und Schöpfer unserer eigenen Realität. Als menschliches Kollektiv wird uns das gerade wieder bewusst. Wir erwachen zu unserer wahren Macht und Größe, die wir so lange Zeit vergessen hatten. Was für eine herrliche Zeit, genau JETZT all das erleben zu dürfen. Dafür kannst du dir gleich mal auf die Schulter klopfen, liebe Göttin!

Dieses Buch soll dir helfen, noch tiefer in das Verständnis des Universums, des Lebens, letztlich deiner selbst einzutauchen. Heißt es nicht: Erkenne dich selbst, und du erkennst Gott? Bzw. die Göttin? Wir gehen in diesem Buch sogar noch einen Schritt weiter, aber dazu später mehr.

Ich möchte dir – möchte UNS – gerne helfen, aus einer uralten Konditionierung auszubrechen. Ja, ausbrechen, denn diese Konditionierung, diese Programmierung in unserem Denken ist wahrlich eine Fessel, ein Gefängnis. Die Konditionierung, von der ich spreche, betrifft das »Beobachten und Bewerten von Realität«. Wir verleugnen ständig unsere Schöpferkraft, indem wir sagen: »Aha, da hat also jemand dies und jenes erschaffen!« Punkt. Egal, ob wir etwas als gut oder schlecht bewerten – wir nehmen es meist als gegeben hin und bestätigen es dadurch. Wir beschließen: »Das ist halt nun mal so, denn das ist die Realität, die ich gerade wahrnehme.« Wir zementieren damit energetisch das betreffende Ding oder den Umstand, und wenn nichts »außerhalb des Alltäglichen« geschieht, dann bleiben die Dinge, wie wir sie wahrnehmen.

Wir machen uns zu wenig bis gar keine Gedanken dahingehend, was die Ursache »unserer Realität« ist. Wenn wir erkennen, dass die Ursache immer unseren Gedanken zugrunde liegt, und uns zunutze machen, dass wir diese jederzeit neu wählen können, dann sind wir nicht länger nur Beobachter, sondern aktive Schöpfer unserer Realität. Dann leben wir die Schöpferkraft, die uns gegeben ist – dann ist die Realität wie Lehm, den wir bearbeiten und zu einem Kunstwerk formen können, das uns gefällt. Ist das nicht wundervoll? Zu wissen, dass die Realität, die wir erleben, nicht in Stein gemeißelt ist, sondern dass wir auf individuellem bzw. kollektivem Level Schöpferinnen und Schöpfer sind – dass wir nicht nur den Werkstoff beobachten, sondern ihn auch modellieren können?

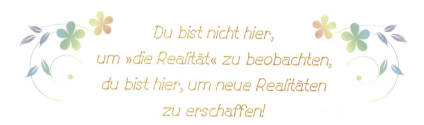

Du bist nicht hier, um »die Realität« zu beobachten, du bist hier, um neue Realitäten zu erschaffen!

EINLEITUNG

Du bist Visionärin! Du erfindest die Dinge neu, du erschaffst nie Dagewesenes, du bist kreativ ohne Limit! Du drückst die Schaffensfreude des Universums höchstpersönlich durch dich aus, durch deine individuelle Kreativität. Eine ungeheuere Freude, Liebe und Glückseligkeit liegt darin, dieses Geschenk anzunehmen, auszupacken und damit zu spielen. Erschaffen, erfahren, probieren, auf die Nase fallen, wieder aufstehen, es noch einmal angehen, um letztlich zu triumphieren – das heißt Leben! Traue dich, zu lachen, zu weinen, Mitgefühl zu zeigen, dich klein und dann wieder ganz groß zu fühlen. Aus dem Vollen zu schöpfen. Dazu sind wir hier, gekommen als göttliche Funken, die eine Zeit lang so tun, als wären sie Menschen. Die menschliche Perspektive kennenlernen, herumprobieren, meistern.

Neben der Anleitung, wie du vom Leben bekommst, was du möchtest, möchte ich dir mit diesem Buch vor allem eines geben: Glückseligkeit. Wobei, so ganz stimmt das nicht. Ich kann dir keine Glückseligkeit geben. Alles, was ich kann, ist, den Versuch unternehmen, dich dazu anzuleiten, sie in dir selbst (wieder) zu finden. Alles, was du jemals brauchen wirst, ist in dir. Manchmal brauchen wir nur jemanden, der uns an diesen Umstand erinnert und uns zurück in die »Happiness-Puschen« hilft. Was ich auf meinem Weg unter anderem gelernt habe, ist, dass wir uns helfen lassen dürfen. Gerade, wenn wir dazu neigen, alles allein machen zu wollen.

Ich möchte dir helfen, dich daran zu erinnern, dass ...

- ... du ein bereits vollkommenes Wesen bist.
- ... du wertvoll bist und diesen Wert nicht unter Beweis stellen musst, ja, es gar nicht kannst.
- ... du ein vom Kosmos unendlich geliebtes Wesen bist, das alle Herrlichkeit verdient hat, die die Welt zu bieten hat.

- ... du dich selbst lieben darfst, genau so, wie du bist – so, wie du alles lieben solltest.
- ... du erschaffen kannst – ganz egal, was es ist.
- ... du nicht scheitern kannst.
- ... du dich auf die einzig wichtige Tatsache verlassen darfst, dass alles Liebe ist, weil du dann Glück erfährst – Glückseligkeit, bedingungsloses Glück, bedingungslose Liebe und schöpferische, grenzenlose Ekstase: deine wahre Natur.

Außerdem schließen wir mit allem Frieden, was nicht unserer wahren Natur entspricht, nach dem Motto:

So sehr wir den Sonnenschein auch lieben,
ohne Regen kann es etwas so Wunderschönes
wie einen Regenbogen nicht geben.

»The Rainbow Path« ist nicht der Weg zu den Dingen. Es ist der Weg zur Happiness, von der du vielleicht denkst, dass Dinge sie dir bringen könnten. Manifestationen, glückliche Umstände und materieller Reichtum sind eher Nebenerscheinungen oder besser: die logische Konsequenz aus deiner Glückseligkeit. Die Kunst ist es, ohne diese Dinge, Menschen und Umstände glücklich zu sein, von nichts und niemandem (emotional) abhängig zu sein. Erst dann ist dein Glück echt. Und erst dann kann alles, was du willst, zu dir strömen – nur brauchst du es dann nicht mehr. Äußere Faktoren können sich ändern, sie können sogar völlig aus deinem Erfahrungsbereich verschwinden. Doch wenn du es schaffst, ohne die geläufigen (vermeintlichen) Glücksfaktoren happy zu sein, dann hast du das

wahre Glück gemeistert, das dir durch nichts und niemanden genommen werden kann. Diesen Zustand erzeugst du selbst. Darin liegt deine Freiheit, deine Macht, dein Zauber als göttliches Wesen, das eine Zeit lang die irdische Ebene erkundet.

*Das Ego sagt:
»Wenn sich die Umstände fügen,
dann bin ich glücklich.«
Aber es funktioniert genau anders herum:
Werde glücklich,
und die Umstände fügen sich.*

Liebe Göttin – danke, dass es dich gibt, und danke, dass du mit mir gemeinsam hier bist, in diesem Lebenstraum, in dieser Dimension, in der ich dich nun auf eine wundervolle Reise auf dem bunt schillernden Rainbow Path mitnehme – dem Weg zu deinem Glück, deiner Göttlichkeit und zu fantastischen neuen Realitäten, die du mithilfe der Erkenntnisse dieses Buches erschaffen wirst. Ich freue mich sehr, liebe Göttin! Lass uns die Magie des freien Willens erfahren. Erschaffen wir uns gemeinsam den Himmel auf Erden, und hauchen wir unseren größten Visionen Leben ein.

Lots of LOVE to you!

Über den Umgang mit diesem Buch

»The Rainbow Path« ist kein Buch zur reinen Unterhaltung und dennoch unterhaltsam, wie ich hoffe. Vielmehr ist es – wie sein Vorgänger auch – ein Praxisbuch. Es ist dein Werkzeugkasten für das Erschaffen eines Lebens, das dir, einer Göttin, gerecht wird. Kein Leben, das du so dahinlebst, sondern ein Leben, dem du jeden Tag beim Aufwachen erneut aus vollem Herzen ein begeistertes »JA!« zurufen willst.

Wenn du so ein Leben bereits führen würdest, dann würdest du dieses Buch gerade nicht lesen, richtig? Es ist vollkommen in Ordnung, dass du noch nicht dort bist, wo du vielleicht hinwillst. Sei gnädig mit dir – du tust dein Bestes, immer. Du hast den ersten wichtigen Schritt getan, indem du anerkannt hast, dass du noch Wünsche hast und Veränderung möchtest. Das ist absolut legitim. Das Universum selbst ist aus einem Wunsch heraus entstanden – dem Wunsch, sich selbst zu erfahren. Am Wünschen ist also grundsätzlich nichts verkehrt.

EINLEITUNG

Wenn du nun anfängst, mit diesem Buch zu arbeiten, dann mache dir bitte eines bewusst: Alles, was du tun musst, ist, dich zu entspannen und fallen zu lassen – also darauf zu vertrauen, dass du das, was für dich richtig ist, aus diesen Seiten entnehmen und für dich umsetzen wirst. Einige Konzepte sind dir vielleicht fremd, oder sie passen zu diesem Zeitpunkt nicht in dein Weltbild. Vielleicht passen sie später oder niemals – mach dir keinen Druck. Nimm das an, was für dich funktioniert, lass den Rest weg, oder ergänze ihn mit anderen Lehren – tu, was immer dir gerade richtig und zielführend erscheint.

Dieses Buch habe ich bewusst in einer hohen Schwingung geschrieben, weil diese sich beim Lesen auf dich übertragen wird. Das Ganze nennt sich »Energy Writing«, was bedeutet, dass neben der reinen Information, meine Intention von Liebe, Mitgefühl und von Bliss bei dir ankommen. Entscheide selbst, ob du sie annehmen magst. Sieh dieses Buch als meine liebevolle Bemühung, dir gute Gefühle zu senden und dir somit zu ermöglichen, leichter in die Erfahrung deiner eigenen Glückseligkeit einzutauchen. Um den maximalen Nutzen daraus zu ziehen, würde ich dir empfehlen, das Buch mehr als nur einmal zu lesen.

Nicht etwa, weil du nicht in der Lage wärest, es auf Anhieb zu verstehen und umzusetzen, sondern weil wir uns ständig weiterentwickelnde Wesen sind. Du wirst ein anderer Mensch sein, pardon – eine andere Göttin natürlich –, nachdem du mein Buch gelesen hast, und der Inhalt wird jedes weitere Mal auf eine andere Weise zu dir sprechen. Du bist eventuell mit ganz anderen Punkten in Resonanz, die jetzt für dich wichtig sind, während sie es beim letzten Mal (noch) nicht gewesen sind. Das gilt übrigens für viele Bücher. Probier's mal aus!

Ein Hinweis noch, falls du dich fragst, warum ich speziell für Frauen schreibe, wenn ich von »Göttin« statt von »Gott« spreche und weil ich speziell Frauen in ihre wahre Größe bringen will:

Ich hab rein gar nichts gegen Männer, im Gegenteil. Männer sind wundervolle Wesen, und was ich hier schreibe, ist für sie ebenso wahr bzw. anwendbar. Ich schreibe von Frau zu Frau aus zwei Gründen: Erstens wurde mit dem Wort »Gott« schon so viel Schindluder betrieben, dass der Begriff in den Köpfen der Menschen eher negativ besetzt ist. Und zweitens ist eine der wichtigsten Aufgaben der heutigen Zeit die Wieder-Integration der mütterlich-weiblichen Energien auf diesem Planeten, der schon sehr lange Zeit unter dem Bann des Patriarchats steht, ja, sogar leidet.

Ich will nun nicht dazu beitragen, ein neues Matriarchat zu errichten, sondern hoffe, durch meine Arbeit einen Ausgleich zu schaffen, indem sich typisch weibliche Eigenschaften wie Sanftheit, Gnade, Liebe, Feingefühl, Leichtigkeit, Geduld, Mitgefühl, Empfangsbereitschaft, Offenheit, Harmonie, ja, das Leben spendende Ur-Prinzip der Schöpfung, aber durchaus auch Stärke, Mut, Entschlossenheit, die Energien der Licht-Krieger-Göttin wieder verstärkt auf dem Planeten ausbreiten. Erst wenn männliche und weibliche Energien in ausgeglichenem Maße herrschen, können wir uns in heiliger Zusammenkunft vereinen und diese schöne Realität erfahren: In echter Partnerschaft auf Augenhöhe, um in wahrer, loyaler Schwestern- und Bruderschaft hier unsere Leben zu teilen und uns gegenseitig zu bereichern – im gegenseitigen Respekt vor- und in der Liebe füreinander sowie in großer Demut und Achtung gegenüber der gesamten Schöpfung.

Wenn ein Mann sich inspiriert fühlt, diese Eigenschaften in sich zu erwecken oder zu stärken, damit den Beitrag für das oben beschriebene Miteinander leistet und so eine neue Basis für Partnerschaft legt, dann ist er mir selbstverständlich herzlich als Leser, Klient etc. willkommen.

Aber nun legen wir endlich los!
Ganz viel Freude beim Lesen — und Anwenden!

Sending Good Vibes …

(Re-)Fresh Start

Startschuss ins Leben einer Supergöttin

Bevor wir uns der Supergöttin zuwenden, möchte ich dir die Basics, die Grundlagen, an die Hand geben, die du brauchst, um den größten Nutzen aus diesem Buch zu ziehen. In diesem Kapitel geht es um die Weltanschauung einer Göttin, so, wie ich sie definiere, um die Erklärung, was eine Göttin überhaupt ausmacht und darum, wie diese Welt und dieses Universum funktionieren. Du bekommst eine Gebrauchsanleitung fürs Leben, wenn du so willst. Behalte dabei bitte im Hinterkopf, dass ich keinen Anspruch darauf erhebe, hier die einzige Wahrheit zu verkünden. Ich teile dir lediglich mit, was ich herausgefunden habe, was für mich funktioniert und zu welcher persönlichen Wahrheit ich gelangt bin. Nimm gerne das an, was für dich funktioniert, und lasse das weg, womit du gerade nicht in Resonanz bist. »Wahrheit« ist ohnehin so eine Sache, aber diesem Thema widme ich mich ebenfalls später noch eingehender.

Wer oder was ist das Universum? Und wieso bist du eine Göttin?

Lassen wir einmal alles beiseite, was wir über Gott, die Schöpfung und das Universum zu wissen glauben. In dem Glauben, dass Gott ein übernatürliches Wesen ist, das irgendwo da oben im Himmel herumschwebt, Wohnsitz unbekannt, wuchs ich als Kind, wie so viele andere, auf. Dieses Wesen würde am Tag des jüngsten Gerichts über mich richten, dachte ich – doch nicht nur dann, sondern während meines gesamten Lebens würde »er«, ähnlich wie der Weihnachtsmann, darüber wachen, ob ich gut oder schlecht sei. Dann kam zu meiner christlichen Erziehung irgendwann etwas Buddhismus hinzu, und fortan war ich davon überzeugt, auch noch über dieses Leben hinaus durch Karma gerichtet und eventuell zu unzähligen

Wiedergeburten verdonnert zu werden, wenn ich nicht lieb und nett genug war und noch etwas zu begleichen hätte. Doch irgendetwas in meinem Inneren konnte und wollte ein solches Weltbild nicht akzeptieren. Für mich stand immer im krassen Widerspruch, dass da einerseits ein liebender, gnädiger Gott sein sollte, der andererseits so gar nicht liebevoll mit seiner eigenen Schöpfung umsprang. Das erschien mir, in Bezug auf ein angeblich so perfektes, glorifiziertes Wesen nicht logisch zu sein.

Meine unausgesprochenen Fragen drehten sich um Themen wie: »Wo kommen wir her? Wohin gehen wir? Was hat das Ganze für einen Sinn? Hat es überhaupt einen Sinn? Wieso funktionieren die Leben anderer, aber meines irgendwie nicht?« Und wie es so oft geschieht, bekam ich ausgerechnet in einer Lebenskrise endlich die ersehnten Antworten, die mir meinen göttlichen Hintern retten sollten. Damit du mir gut folgen kannst, erläutere ich dir im Folgenden die Weltsicht, die ich mir im Laufe der Jahre, seit dem Beginn meines spirituellen Erwachens, angeeignet habe.

Der Gott/die Göttin ist keine Person, er/sie ist eine Energie bzw. ALLE Energie des Universums. Diese Energie ist die viel besprochene bedingungslose Liebe − Daseinsfreude, pures Glück, Leichtigkeit, Begeisterung, Harmonie −, ein Gefühl von Bliss, ein Gefühl, das uns vermittelt: Alles ist perfekt, genau so, wie es ist, jetzt und hier. Wir können keine Fehler machen. Es gibt nur Erfahrungen. Und Gott ist auch kein Kerl. Die Göttin/Gott ist in Wahrheit beides, männlich und weiblich, trägt beide Energien in sich oder besser gesagt, ist geschlechtslos. Und: Sie steckt nicht nur IN uns allen, sondern WIR SIND Göttin/Gott. Alles im Kosmos besteht aus dieser Energie − also auch wir. Insofern bist du eine Göttin, ein Gott. Du bist Teil dieser alles durchziehenden umfassenden Gottesenergie, die alles ist und die in allem ist. Wissenschaftler bezeichnen diese

Energie, dieses ultimative »Quantenpotenzial«, auch als das »Nullpunktfeld«. Die Energie manifestiert sich in unterschiedlichster Form – in dir, in mir, in deinem zuvorkommenden Nachbarn und der unfreundlichen Kassiererin, in dem Brokkoli, den du isst, und in dem Bett, in dem du schläfst. Es gibt nichts, was nicht Gott ist – ultimativ gesprochen. Diese Energie ist AllesWasIst und gleichzeitig AllesWasNichtIst. Sie durchzieht selbst den sogenannten »leeren Raum«, denn in Wahrheit ist nichts leer – alles lebt.

Nun könntest du einwenden, dass es ja sehr wohl »Schlechtes« auf der Welt gibt. Doch universell gesehen, ist das nicht richtig. Alles ist göttlich, alles ist Liebe, oder wie ich es meiner Mutter einmal erklärt habe: »Gott ist auch im Scheißhaufen.« Um Mensch zu sein und dadurch das Göttliche erfahren zu können, müssen wir uns von dieser Liebe zunächst entfernen, sie verleugnen, anders als liebevoll denken und handeln. Wir müssen die Liebe vergessen, um sie wiederzufinden. Wir müssen uns vergessen, um uns dann daran zu erinnern, wer wir wirklich sind und dieses Potenzial in uns freizulegen und Liebe zu leben. Irgendwie ist das auch logisch. Denn wir fühlen uns dann am besten, wenn wir lieben, wenn wir gütig sind, wenn wir verzeihen, wenn wir fröhlich sind und wenn uns die Sonne aus dem göttlichen Hintern lacht.

Dieses Vergessen der universellen Liebe, unseres Urzustands, ist auch der Grund, weshalb wir Menschen ohne Erinnerung an unsere göttliche Abstammung oder das »Davor« auf die Erde kommen. Das dient dem Zweck, möglichst authentische Erfahrungen machen zu können. Wenn du hier ankämest und wüsstest, du bist ein geliebter Funken von AllemWasIst, der perfekt ist und gar nichts falsch machen kann, dann würdest du die (teilweise köstlichen) Lebensdramen nicht mitmachen. Du würdest nur milde lächeln und sagen: »Jaja, netter Versuch.« Wenn du deine wahre Stärke nie vergessen hättest, dann könntest du das unbeschreibliche Gefühl nicht erleben, das du erlebst, wenn du sie wiederentdeckst. Und wenn du nicht dem Irrtum aufgesessen wärest, du seiest ein Mensch, dann würdest du jetzt nicht entdecken können, dass du in Wahrheit eine Göttin, DIE Göttin, bist. Du bist sozusagen ein individueller Erfahrungspunkt, der es dem Allbewusstsein (Göttin/Gott) ermöglicht, unvorstellbar viele Erfahrungen zu machen, sich in sich selbst zu erfahren und durch deine Augen auf sich selbst zu blicken. Was nützt die schönste Blume, wenn sich niemand an ihr erfreut? Durch deine Augen blickt das Universum auf sich selbst als Blume und wird sich somit seiner Schönheit bewusst.

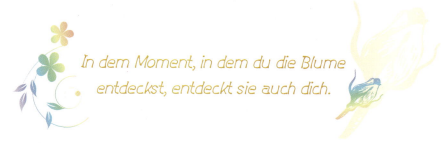

In dem Moment, in dem du die Blume entdeckst, entdeckt sie auch dich.

Ist das nicht eine schöne Perspektive?

Kannst du dir vorstellen, wie viele verschiedene Erfahrungen alle Wesen im gesamten Kosmos jetzt gerade machen, in ein und derselben Sekunde, in der du in diese Zeilen vertieft bist? Darunter alle Schattierungen von Freude und Leid – was für ein Erfahrungsfeuerwerk! Das Universum wurde erschaffen, um nicht nur zu sein, sondern um sich selbst zu erfahren. Deine wahre Natur ist deshalb das Sein, aber hier auf der Erde geht es um Erfahrung, um das TUN zusätzlich zum Sein – und zwar wertfrei. Der Kosmos (Göttin/Gott) wertet nicht. Zwischen Freund oder Feind, gut oder schlecht, wichtig oder unwichtig zu unterscheiden, ist allein eine Eigenheit der Menschen. Für den Kosmos IST alles einfach. Der Kosmos ist sich seiner selbst bewusst und weiß von vornherein, dass er Liebe ist, dass du Liebe bist, dass ich Liebe bin und dass wir am Ende, egal, wie weit wir uns auch von diesem Potenzial entfernen mögen, wieder zur Liebe werden. Wir fangen auf unserem Planeten gerade erst wieder an, uns zu erinnern und zur Liebe zurückzukehren. Über dich wird also niemand richten – erst recht kein »Mann im Himmel« mit weißem Rauschebart.

Der Erfahrungsreichtum, den das menschliche Dasein bietet, und die Möglichkeit, unseren Ursprung, unseren Urzustand zu vergessen, um ihn uns zurückzuerobern, ist so etwas Wundervolles, dass die Seelen Schlange stehen, um ebenfalls hier geboren zu werden. Doch man muss auch durchaus mutig und abenteuerlustig sein, um sich zu wagen, in voller Amnesie hier anzukommen und sich dem Spiel des Lebens zu stellen, denn nicht alle Seelen vergessen, aber das würde hier zu weit führen. Was für eine abstruse Erfahrung das eigentlich für eine herrliche, perfekte Seele sein muss, sich plötzlich **un**perfekt, nicht gut genug oder gar klein und unwichtig zu fühlen.

Deshalb: Willkommen auf dem Planeten Erde, du tolle, mutige Seele! Es ist mir eine große Ehre, mit dir hier zusammen die menschliche Ebene zu erkunden.

Wir sind freiwillig hier

Du kannst mir glauben, ich war und bin SO eine Wahrheitssuchende. Ich tue fast nichts anderes als das. Ich will immer alles ganz genau wissen. Ich habe schon die unterschiedlichsten Theorien und Meinungen darüber gelesen, wieso, weshalb und warum wir hier auf der Erde leben, und bin für mich zu dem Schluss gekommen, dass wir freiwillig hier sind. Was die Möglichkeit, Erfahrungen zu machen, angeht, ist die Erde wirklich ein kunterbunter, aufregender Spielplatz für eine Seele. Und diejenigen, die schon immer wissen wollten, weshalb Gott so viel Unrecht, Missetaten und Gräuel erlaubt, ohne einzuschreiten, denen möchte ich entgegnen: Wir sind Gott – wir haben es in der Hand. Wir sollten nicht in unserer vermeintlichen Opferrolle verharren und auf einen rettenden Messias warten. Wenn überhaupt, müssen wir uns selbst retten. Gott ist nicht außerhalb von uns.

Wir. Sind. Göttin.

Jede(r) Einzelne von uns. Abgesehen davon war es schon immer das größte Geschenk, das Eltern ihren Kindern machen konnten, sich nicht (zu sehr) einzumischen. Das gilt auch für den Kosmos. Und da das Endergebnis schon feststeht – wir gehen zurück in die Liebe – und die Intelligenz des Kosmos dessen gewahr ist, ist ein Eingreifen auch nicht nötig – und vor allem nicht möglich. Da es nichts »außerhalb« von uns gibt, muss Veränderung immer von uns selbst ausgehen.

Außerdem legen wir vor unserer Geburt unsere Eintrittsbedingungen fest. Dazu fällt mir ein grandioses Beispiel ein: Allen, die noch immer glauben, Behinderte hätten ein weniger lebenswertes Leben, kann ich nur sagen: Was wissen wir schon, was eine Seele zu erfahren wünscht und weshalb sie sich deshalb besondere Eintrittsbedingungen ins Leben aussucht? Kennst du Nick Vujicic? Den Mann ohne Gliedmaßen? Also dem fehlt nicht mal eben so ein Arm oder ein Bein – er wurde gänzlich OHNE Gliedmaßen geboren. Jetzt könnte man annehmen, einen solchen Menschen hätte es hart getroffen, und konsequenterweise müsse er ein tristes Dasein im Rollstuhl und mit Dauerdepression fristen, während er auf so vieles verzichten muss, was »normale« Menschen alles ohne Weiteres tun können.

Aber was macht Nick? Er ist erfolgreicher Motivationstrainer – und was für einer. Er schafft es, Millionen Menschen für das Leben zu begeistern, das ihm »so übel« mitgespielt hat, und ist damit eines der besten, inspirierendsten Beispiele, die es auf unserem Planeten dafür gibt, dass wir mit der richtigen Einstellung einfach ALLES schaffen können. Nick treibt Sport, er schwimmt ... er ist mit einer wunderschönen Frau verheiratet, und sie haben bereits zwei gesunde Kinder. Er hat Millionen Fans – und vor allem hat er ein so breites Grinsen im Gesicht, dass man als »normaler« Mensch schon ins Grübeln kommt. Kurz: Der Mann lebt ein traumhaftes Leben, eines, um das ihn viele beneiden. Sie bewundern ihn zu Recht für sein grandioses Mindset, für seine exzellente innere Haltung, die ihm ein geniales Leben beschert hat, von dem manch anderer nur träumen kann.

Die Antwort auf die Frage, weshalb Seelen
»schwierige« Eintrittsbedingungen festlegen:
Um darüber hinauszuwachsen.
Weil sie wissen, dass sie es können.

Und jetzt kommst du. Vielleicht magst du deine Grenzen nach dieser Geschichte neu überdenken, gar sprengen!? Was machst du aus deinen vermeintlich negativen Eintrittsbedingungen? Lässt du dich von ihnen irritieren, oder wächst du über sie hinaus?

Alles ist Energie

Das hast du vielleicht so oder so ähnlich bereits an anderer Stelle gehört bzw. gelesen: Materie in dem Sinn, wie wir sie verstehen – als feste, schwer veränderliche Masse –, gibt es nicht. Tauchen wir einmal in deinen inneren Kosmos ab: Du bestehst aus Zellen – Haarzellen, Hautzellen, Leberzellen usw. Diese bestehen aus den sogenannten Zellbausteinen, die sich wiederum aus Molekülen zusammensetzen. Diese wiederum bestehen aus winzig kleinen Atomen. Und jetzt kommt's: Diese Grundbausteine von einfach allem, was wir Materie nennen, sind zu 99,9999999 % »leer«. Da ist ein verschwindend geringer Anteil von Masse. Der Rest ist: Energie. Wir – und alles um uns herum – bestehen also folglich aus Energie. Diese Energie ist die bereits genannte Liebesenergie, sie durchzieht das gesamte Universum. Es gibt keinen »leeren Raum« in dem Sinn.

Der Gottpartikel ist überall, auch im Vakuum, und die Wissenschaft ist ihm bereits auf der Spur. Die Energie ist beständig in Bewegung und erschafft durch genau diese Bewegung (indem sie schneller oder langsamer schwingt) die Illusion eines Gegenstandes, eines Menschen oder eines Baumes. Ja, man kann sagen: Wir leben in einem illusorischen Universum. Wir leben in einer Traumwelt, die wir beeinflussen können wie beim luziden Träumen. Neue Informationen erweitern dein Bewusstsein, deinen Horizont und verändern das, was du zu wissen glaubst. Du erwachst innerhalb dieses Traumes, den wir Leben nennen. Das ist das große Erwachen, von dem so viele Menschen sprechen. Es ist ein »Sich-bewusst-Werden« darüber, wie die Dinge um uns tatsächlich geschaffen sind, ungeachtet dessen, was uns beigebracht wurde. Alles ist Energie in Bewegung, in Schwingung. Und je schneller etwas schwingt – man sagt auch »je höher etwas schwingt« –, desto näher ist es dem Göttlichen und dessen Attributen wie Freude, Harmonie, Liebe, Frieden, Glück, Begeisterung und Glückseligkeit. Und da wir uns sowieso am liebsten SO fühlen, kommt jetzt die hoffentlich heilsame und befreiende Durchsage:

Du fühlst dich gern wundervoll und bist gern in der Liebe, weil dies deine Natur, deine wahre Essenz ist.

Negativität ist der Bezugsrahmen

Und da sind wir auch schon beim Grund für die sogenannten negativen Gefühle, die durchaus ein Geschenk sein können. Gehen wir mal davon aus (wovon ich überzeugt bin), dass Liebe tatsächlich diese einzige Energie ist, die existiert und unsere wahre Essenz ist. Und gehen wir weiterhin davon aus, dass du diese Liebe gar nicht erfahren könntest, ohne einen Gegenpol zu haben – eine Referenz, die du als das Gegenteil oder das Fehlen von Liebe bezeichnen kannst, um Liebe erfahrbar und identifizierbar zu machen. Das eigentliche Gegenteil von Liebe, der bedingungslosen, göttlichen Liebe, ist nicht etwa Hass, sondern Angst. Hass ist eine Abstufung auf der Skala der negativen Gefühle, die alle (Wut, Ärger, Neid, Ohnmacht ...) ihren Ursprung in der Grundemotion Angst haben. Während jene Gefühle, die wir als gut bezeichnen (Harmonie, Begeisterung, Liebe, Freude, Mitgefühl ...), ihren Ursprung in der Grundemotion der universellen Liebe haben. Also, um etwas Gutes überhaupt als solches wahrnehmen oder um festzulegen zu können, wie du dich fühlen möchtest, brauchst du als göttliches, unendlich gesegnetes Wesen auf dem Spielplatz Erde einen Bezugsrahmen, einen Kontrast zu dem, was du eigentlich willst.

Mein Aha-Erlebnis in Afrika

Ein Beispiel: Vor einigen Jahren machte ich Urlaub in Afrika. Ich hatte mich schon riesig auf eine Safari gefreut. Dann wurde kurz nach der Ankunft mein Freund krank, aber richtig. Ich tat es ihm gleich, allerdings eher psychisch als körperlich. Zwischen dem Bedürfnis, die Krankenschwester zu spielen, und dem Bekämpfen meiner Angst vor einer möglichen Ansteckung hin- und hergerissen, verbrachte ich einige kraftraubende Tage im Nirgendwo – im Busch Afrikas. Und als wäre die Heimreise nicht schon anstrengend genug gewesen, wenn alles glatt gelaufen wäre, war ich nach einem Ballon- sowie einem Mini-Flieger- und zwei Langstreckenflügen inklusive Umbuchung, zusätzlichen Wartezeiten und Downgrading in die Holzklasse dann irgendwann zu Hause – völlig durch, übernächtigt, überanstrengt, schmutzig, ausgehungert und einfach fertig mit den Nerven.

Du kannst dir gar nicht vorstellen, wie sehr ich die erste Dusche nach der Ankunft zu Hause genossen habe: das heiße Wasser auf meinem erschöpften Körper, der wunderbare Duft der Seife und der Bodylotion ... Und dann der erste Bissen von meinem Lieblingsgericht, das ich mir unterwegs noch besorgt hatte ... eine Geschmacksexplosion de luxe! Frisch geduscht und satt mit dem Bademantel auf der Couch zu liegen, bekam plötzlich eine völlig neue Dimension von Wohlgefühl. Ich erinnere mich noch sehr gut an den Aha-Effekt, den ich hatte, weil der Kontrast zu dem unangenehmen Gefühl von vorher so groß war. Ich verstand, dass es ohne Anspannung keine Entspannung, ohne Schmutz keine Sauberkeit und ohne Hunger kein Sättigungsgefühl gegeben hätte ...

Was ich damit sagen will, ist: Für jedes gute Gefühl brauchen wir einen Bezugsrahmen, ein weniger gutes Gefühl, um es überhaupt als gut erkennen und benennen zu können. Für jede erwünschte Realität brauchen wir eine unerwünschte, um uns orientieren und eine Wahl treffen zu können.

Denke immer daran: Alles Negative, das dir begegnen mag, ist nur der Kontrast, der Bezugsrahmen, um das Positive, Wünschenswerte erst erfahrbar zu machen. Nicht mehr und nicht weniger.

Und ganz abgesehen davon ist es doch auch so, dass viele Menschen erst in ganz haarsträubenden, augenscheinlich negativen Situationen über sich hinauswachsen, ihre wahre Stärke, verborgene Talente oder gar die Erleuchtung finden. Aus diesem Blickwinkel betrachtet, sind negative Gefühle und Erfahrungen ein Geschenk. Sie helfen uns, das Leben unserer Träume zu kreieren, indem sie uns sagen, was wir NICHT wollen. Das ist doch ein netter Ansatz, oder? Überhaupt ist eine Göttin meisterlich darin, alles positiv zu betrachten, auch das, was der MainstreamMensch als negativ beurteilt und womit er sich selbst den Tag verdirbt. Es ist etwas Übung vonnöten, aber wenn du diese Sichtweise verinnerlicht hast, wirst du feststellen, dass in jeder noch so fiesen Lage immer eine lehrreiche Erfahrung und somit ein Entwicklungsschritt enthalten ist. Auch, wenn sich das oft erst (sehr viel) später herausstellt. Und auch dann, wenn eine als unschön empfundene Situation »nur« dabei hilft, die Kontrolle über deine Befindlichkeit zu trainieren.

Gedanken, Gefühle &
»Wer ist hier der Boss?«

Deine Gedanken sind die primäre Ursache von allem. Sie sind verantwortlich für deine (gefühlte) Lebensqualität – und ja, auch für deine Lebensumstände. Allem voran sind sie verantwortlich für deine Gefühle. Du magst vielleicht denken, dass das nicht stimmt und dass deine Gefühle durch bestimmte Dinge und Gegebenheiten oder das Verhalten deiner lieben oder weniger lieben MitGöttinnen und MitGötter verursacht werden. Doch wenn du es genauer betrachtest, wirst du feststellen, dass es ausnahmslos deine Gedanken zu jedweder Situation oder den Menschen um dich herum sind, die diverse Gefühle in dir auslösen.

Niemand –
kein Mensch, kein Tier, keine Situation
ist in der Lage, Gefühle in dir zu verursachen.
Nicht ohne deine Zustimmung.
Du bist hier der Boss,
wenn es um deine Gefühle geht.

Versuche, dir das klarzumachen. Lies den letzten Absatz eventuell noch einmal, und erspüre, inwieweit du (schon) mit dieser Sichtweise in Resonanz bist, denn das ist sehr wichtig. Es ist eine der wichtigsten Prämissen dieses Buches. Niemand außer dir ist in der Lage, dir irgendwelche Gefühle zu machen. Meistere diese Tatsa-

che, nimm sie an, übernimm Verantwortung für deine Gedanken-
welt und damit für deinen »Gefühlshaushalt« – wenn du emotional
autark sein möchtest. Dies zu wissen und zu verinnerlichen ist sooo
befreiend. In Wahrheit benutzen wir nämlich andere Menschen,
Tiere, Dinge und äußere Umstände, um unsere Gefühle zu rechtfertigen, wie: »Bah, was fühle ich mich mies, weil nichts so läuft, wie
ich es mir wünsche« oder »Herrlich, in der Gegenwart dieses Menschen zu sein, denn seine Aufmerksamkeit fühlt sich so gut an.«
Regen wird zum Anlass genommen, zu meckern. Sonnenschein hingegen ist ein Grund zur Freude. Für jedermann? Das ist wieder einmal eine Frage des Blickwinkels. Für die, die einen Acker besitzen,
auf dem Dank des Regens Früchte prima gedeihen, ist auch Regen
ein freudiges Ereignis. Zu viel Sonne kann für denselben Acker eine
Katastrophe bedeuten.

Was ich dir sagen will:

*DU bist die letzte Instanz,
die entscheidet, aus welchem Blickwinkel
und mit welcher Einstellung oder
inneren Haltung du alles,
was ist, was war und was sein wird,
betrachten willst.*

Du entscheidest, womit du in Resonanz gehst und womit nicht. Es
sind nie die Umstände. Es bist immer du. Spürst du, welche Freiheit
und Macht darin liegen?

Segen und Flüche

Neulich habe ich etwas gelesen, was mich sehr beschäftigt hat und was ich daher mit dir teilen möchte. Es ging darum, dass eine Bekannte in einem Facebook®-Beitrag schrieb, sie würde es als Stress empfinden, wenn ihr jemand Segen spende. Sie erklärte, wir seien unendliches Bewusstsein, bereits perfekt und gesegnet, wie man es nur sein kann, weshalb wir es nicht nötig hätten, dass man uns Segen spendete. Der Akt des Segnens käme für sie einer energetischen Beleidigung gleich, weil man dadurch nicht anerkenne, dass sie bereits gesegnet sei.

Bis dahin gehe ich mit, aber ich möchte diese Idee noch weiterspinnen. Was ist Segen? Ein Segen ist ein guter Wunsch. Wenn du jemandem wünschst, dass es ihm oder ihr gut ergehen möge, dass die Prüfungen gut laufen sollen etc., dann segnest du diese Person und schickst ihr positive Energie. Und ich finde, auch wenn es wahr ist, dass unsere wahre Essenz keinerlei Segen nötig hat, weil sie bereits perfekt, vollkommen, geliebt und gesegnet ist, so ist es doch eine wundervolle Sache, jemanden oder etwas zu segnen. Auf unserer Welt werden ja durchaus auch Flüche ausgesandt, die von Gefühlen wie Neid, Missgunst, Hass und Verurteilung herrühren. All das sind schlechte Energien, die von jemandem ausgehen können – wehe dem, der als Adressat derselben herhalten muss, falls er oder sie in Resonanz damit ist.

Doch, Tatsache ist: Wenn ich in mir ruhe, mir meiner Wertigkeit und Kraft bewusst bin und ganz klar weiß, dass ich nichts nötig habe und nichts brauche, dann kann ich doch als erleuchtetes Wesen darüberstehen, was auch immer mir geschickt wird. In einer Welt, wo sich manche wortwörtlich die Pest an den Hals wünschen, ist es für mich jedes Mal herrlich zu erleben, wenn ein Mensch gute Energien aussendet wie Liebe, Mitgefühl, Frieden und jede Form von guten Wünschen für andere – und sich selbst. Denn was noch beim Segnen passiert (wohl auch beim Fluchen), ist, dass die Segensenergie (oder eben die niedrig schwingende Fluchenergie) durch die gebende Person fließt. Das heißt, es hat immer auch der Segensspender etwas davon, wenn er segnet, denn er erzeugt diese schönen Gefühle vor dem Aussenden in sich. Überprüfe das einmal, indem du wohlwollende, zärtliche Gedanken für jemanden hegst. Wie fühlt sich das an? Und nun versuche das Gegenteil ... wie fühlt sich das an?

Jetzt schnell wieder was Schönes denken, denn:

Ein Segen kann einen Fluch aufheben.

Also, mein Resümee aus dieser Betrachtung ist, dass wir als ultimative Schöpfer unserer Gefühle das letzte Wort haben, wenn es darum geht, was wir aus den Schwingungen des Kosmos herausfiltern und in unsere Erfahrung übernehmen. Ohne den Empfänger ist der Sender machtlos, also ist alles gut. Du bist hier die Göttin. Du entscheidest, was du denken und somit wie du dich fühlen willst. Was meine Bekannte über das Segnen sagte, das mag auf der göttlichen Ebene richtig sein, aber auf der menschlichen Ebene haben wir sehr wohl das eine oder andere Mal Segen »nötig«, und die wohlwollende Intention bzw. helfende Hand, die angeboten wird, kann ausgesprochen wohltuend sein. Wenn mich jemand segnet, dann freue ich mich jedenfalls – nicht, weil ich bzw. mein wahres Wesen den Segen nötig hätte, sondern weil ich mich freue, dass diese Person mir Gutes wünscht. Bringen wir andere nicht um die Erfahrung, uns zu segnen, denn damit berauben wir sie dessen, was eigentlich natürlich für sie ist: gute Gefühle und beste Wünsche auszusenden, was das Zeug hält, und sich selbst prima dabei zu fühlen. Davon, Liebe zu leben, haben wir letztlich alle etwas. Also segne, bis die Englein »Halleluja« singen!

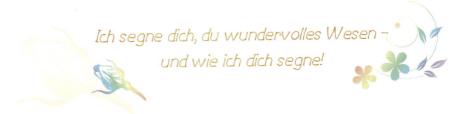

Ich segne dich, du wundervolles Wesen – und wie ich dich segne!

Was deine Realität zu deiner Realität werden lässt

Deine Gedanken erschaffen also deine Gefühle. Und deine Gefühle erschaffen deine Realität, das, was du tagein, tagaus so erlebst, was du wahrnimmst. Du kannst nur das wahrnehmen, worauf dein Wahrnehmungsfilter eingestellt ist, und dieser besteht aus deinen Gedanken, Glaubenssätzen und Überzeugungen. Sagen wir, dein Filter ist gerade auf »Frühlingswiese« eingestellt, und du fühlst dich hervorragend. Du läufst über besagte Frühlingswiese, nimmst den Duft der Blüten wahr, die Farbenpracht des Blumenmeers und spürst eine sanfte Brise, die die Grashalme wiegt und streichelt. Was du mit deinem Filter überhaupt nicht wahrnimmst, ist der riesige Hundehaufen, der sich auf derselben Wiese befindet. Mit ziemlicher Sicherheit wirst du leichten Schrittes daran vorbeilaufen und mit sauberen Füßen zu Hause ankommen. Und selbst wenn du hineintreten solltest, so wirst du wohl darüber lachen und dich daran erinnern, dass dir mal jemand erzählt hat, es bringe Glück, in einen (gut versteckten) Haufen zu treten.

Eine andere Person, die ihren Filter eher auf Hundehäufchen eingestellt, wird den Haufen bemerken – sehr wahrscheinlich, weil er ihr oder ihm bereits am Schuh klebt. Diese Person wird die Krise bekommen, den ganzen Tag verfluchen und schimpfend und wie das HB-Männchen hüpfend von dannen ziehen. Aus und vorbei mit dem schönen Ausflug.

Dieselbe Wiese, derselbe Haufen. Zwei verschiedene Realitäten.

LOA (law of attraction) – das Gesetz der Anziehung

Das Gesetz der Anziehung ist eines der kosmischen Gesetze, das so universell wirksam ist wie das Gesetz der Schwerkraft. Es sorgt dafür, dass Gleiches mit Gleichem zusammenkommt. Das Ganze geschieht auf feinstofflicher und selbstverständlich auch auf grobstofflicher Ebene, da das eine aus dem anderen resultiert – alles ist Energie. Und hier setzt sich der Strang deiner Gedanken als Ursache deines Realitätserlebens fort: Gedanken rufen bestimme Gefühlen hervor, und Gefühle haben ihre jeweils eigene Schwingungssignatur, auf die das Gesetz der Anziehung antwortet. Positive, schöne, erhebende Gedanken führen zu Blümchenwiesen-Erlebnissen. Negative, destruktive, pessimistische Gedanken führen zu Hundehaufen-Erlebnissen. Wie du dich fühlst, entscheidet, welche Qualitäten du in dein Leben ziehst. Auf der einen Seite sind das wundervolle Gelegenheiten, tolle, inspirierende Menschen, Orte und Erlebnisse; auf der anderen Seite, sagen wir, all das, was du für nicht erstrebenswert hältst. Ausstrahlung ist Anziehung. Du ziehst immer die entsprechende Schwingungssignatur an, die du aussendest. Es ist wichtig, dir das immer wieder bewusst zu machen: Was strahle ich gerade aus, wie fühle ich mich? Und was ziehe ich folglich an? Die ausgesandte Schwingung zieht Schwingungen derselben Art immer zum Sender. Das ist auch der Grund, warum man anderen nichts Schlechtes wünschen sollte. Die ausgesandte Schwingungsqualität kommt immer wieder beim Sender an. Und: Es gibt »die anderen« nicht. Du begegnest immer nur dir selbst. Also tust du dir alles – ob gut oder schlecht –, was du anderen antust, wortwörtlich selbst an.

Menschliche Gefühle – ein unglaubliches Geschenk

Du hast die Macht, über deine Gefühle zu bestimmen und dadurch darauf Einfluss zu nehmen, was dir im Leben widerfährt – das weißt du jetzt. Das LOA kümmert sich immer darum, dir das Schwingungsäquivalent zu deinen ausgesandten Gefühlen zu bringen. Anhand deiner Befindlichkeit kannst du ermessen, ob du dich gerade auf das Leben deiner Träume zubewegst oder dich eher davon entfernst. Warum? Nun, du würdest dir ja nichts wünschen, bei dessen Erreichen es dir schlecht geht, oder? Also: Das Leben deiner Träume fühlt sich großartig an, und wann immer du dich gut bis großartig fühlst, bist du auf der Spur deiner Vision. Erinnere dich immer mal wieder daran, wenn es dir nicht so prima geht: Du sitzt am Drücker, du hast den Finger auf deinem inneren Schalter, den du nur in Richtung der guten Gefühle drehen musst.

Hierbei ist es noch wichtig zu wissen, dass es im Grunde nur zwei Emotionen gibt, zu denen ein menschliches Wesen fähig ist. Nämlich Liebe und Angst. Alle Gefühle entspringen diesen Grundemotionen.

*Ihr denkt,
Hass sei das Gegenteil von Liebe.
Aber das stimmt nicht.
Angst ist das Gegenteil von Liebe.*

Aus der Grundemotion der Angst heraus entspringen Gefühle, die wir als negativ oder nicht wünschenswert betrachten, wie Hass, Ungeduld, Neid, Unzufriedenheit, Groll, Nicht-vergeben-Können, Anhaften ... Das ist die Seite des Mangels, des Nie-genug-Seins und Nie-genug-Habens, der Gier, der Eifersucht, der Besitzansprüche und des Bedingungen-Stellens.

Aus der Grundemotion der Liebe heraus entstehen Gefühle, die wir gerne willkommen heißen, wie Harmonie, Zuversicht, Optimismus, Freude, Empathie, Loslassen, Vergebung, Flow ... das ist die Seite der Fülle, des Gut-genug-Seins, des Nichts-beweisen-Müssens, des freudigen Gebens, der Freiheit, der Bedingungslosigkeit.

Wir Menschen sind zu einem wahren Feuerwerk unterschiedlichster Gefühle in der Lage, doch sie haben ihre Wurzel entweder in der Liebe oder in der Angst.

Vielleicht siehst du nun deine Gefühle in einem ganz neuen Licht – als wertvolle Wegweiser, die dir sagen, wo du auf deinem Weg stehst und als etwas, was du beeinflussen kannst, statt ihm hoffnungslos ausgeliefert zu sein. Niemand wird plötzlich »von Gefühlen überfallen« – wir sollten uns bewusst machen, dass wir sie selbst erschaffen bzw. für unsere Gefühle verantwortlich sind, wenn sie schon einmal da sind. Setze deine Gefühle weise und autark ein, und du wirst nicht nur selbst ein wundervolles Leben führen, sondern zum wandelnden Segen für jeden werden, der mit dir in Kontakt kommt.

So funktioniert das mit der Wünscherei

Wenn du etwas ersehnst und dir klar ist, was das ist, dann hast du deinen Wunsch bereits ausgesprochen – egal, ob verbal oder nonverbal, in jedem Fall auf energetische Weise. Im selben Moment (ich persönlich vermute ja, dass dies bereits vorher geschehen ist ...) antwortet der Kosmos mit der Erfüllung deines Wunsches. Du wirst dir klar darüber, was du willst, du »bestellst beim Universum«, und es ist erledigt. Das sind die ersten beiden Schritte beim bewussten Erschaffen. Tatsächlich bittest du ständig um etwas, denn jeder Gedanke ist ein Wunsch, wenn man so will. Du richtest deine Aufmerksamkeit auf etwas. Das heißt, du wünschst es dir. Weil alles Energie, alles Schwingung ist, hast du mit der Sache, auf der deine Aufmerksamkeit liegt, fortan eine energetische Beziehung. Du bist in Resonanz mit ihr. Das funktioniert auch mit Dingen, die du dir nicht (bewusst) wünschen würdest. Deine Aufmerksamkeit genügt, um dieses oder jenes in deine Erfahrungswelt einzuladen. Das ist einer der Gründe, warum manche bekommen, was sie eben nicht wollen: Sie beschäftigen sich mit unerwünschten Dingen wie Krieg, Gewalt, Diebstahl und dergleichen – auf individuellem und kollektivem Niveau.

Dies ist ein aufmerksamkeitsbasiertes Universum –
worauf deine Aufmerksamkeit liegt,
das ziehst du zu dir heran.
Erwünscht oder unerwünscht.
Aufmerksamkeit erschafft.

Und wenn deine Aufmerksamkeit nicht abgezogen wird, wirst du Entsprechendes erleben, erfahren oder sein. Was tust du also als schlaue Göttin? Dich nur mit den Dingen befassen, die du in deiner Realität haben, erfahren oder sein möchtest. Natürlich wollen wir darüber informiert sein, was so alles auf der Welt geschieht, und unsere Augen nicht vor dem Unerwünschten verschließen, wenn es schon mal da ist. Die Frage ist nur: Lässt du zu, dass es deine Schwingung versaut, oder tust du etwas, energetisch und/oder praktisch, um die Dinge zum Besseren zu wenden? Dazu später noch mehr.

Nun haben wir die ersten beiden Punkte geklärt. Es steht außer Frage, dass du bekommst, was du haben willst – im Unmanifesten ist es bereits so. Nun brauchst du nur noch Schritt drei zu vollführen, und deine gewünschte Vision wird zu deiner gelebten Realität.

Und hier liegt der Hase im Pfeffer. Alte Zweifler, die wir sind, stehen wir dem Kosmos gerne im Weg, wenn er unsere Wünsche ausliefern möchte, denn wir bestellen sie – natürlich unbewusst – durch unsere Zweifel wieder ab oder verweigern schlicht die Annahme, indem wir so sehr in Negativität baden, dass wir simpel die Frequenz nie erreichen, die nötig ist, um uns mit unseren Wünschen zu synchronisieren. Deswegen ist das A und O beim Wünschen die Erhöhung deiner Schwingungsfrequenz, die Steigerung deiner Happiness, die Höhenflüge deiner schönen Gefühle! WENN du DEIN wunderbares und erfülltes Leben haben willst, dann kommst du nicht drumherum, dich gut zu fühlen – so happy wie möglich. Ist das nicht eine tolle Win-win-Situation? Dir geht es so richtig gut, UND du bekommst obendrein noch alles, was du dir nur erträumen könntest. Und das nur, WEIL du glücklich bist. Genialverrückt, oder? Zur Wiederholung hier die drei Schritte:

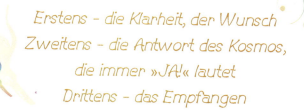

*Erstens – die Klarheit, der Wunsch
Zweitens – die Antwort des Kosmos,
die immer »JA!« lautet
Drittens – das Empfangen*

Alles, was du tun musst, ist, dir darüber klar zu werden, was du willst, und zuzusehen, dass du in den Empfangsmodus kommst und dort zu bleiben, bis sich das Leben deiner Träume oder etwas noch Besseres manifestiert hat. Mit anderen Worten: Dreh deine Happiness und dein göttliches Strahlen so richtig auf. Benutze alles und jeden als Ausrede, um dich gut zu fühlen. Finde Gründe, die dich veranlassen, Liebe und Wertschätzung auszustrahlen, denn dann bist du auf der Empfangsfrequenz all dessen, was du bestellt hast und von noch viel mehr. Finde die positiven Eigenschaften in den Menschen, die dich umgeben. Finde das Geschenk in scheinbar unschönen Situationen. Finde die positiven Aspekte an deiner aktuellen Situation – egal, wie unbefriedigend sie dir im Moment erscheinen mag.

*Finde dein Glück, und alles andere findet dich.
Suche es nicht – finde es.*

Happiness is the key!

Deine Wünsche suchen dich aus

In der Regel denken wir ja, wir »hätten« Wünsche aus diversen Gründen – weil wir meinen, dass wir uns besser fühlen, wenn wir sie erreichen, weil wir uns und der Welt irgendetwas beweisen wollen oder auch schlicht, um das Ego zu befriedigen. Was aber wäre, wenn ich dir sagte, dass deine (Herzens-)Wünsche dich aussuchen? Dass du zur Welt gekommen bist, um eben diese Wünsche zu realisieren und zu (er-)leben, weil du das Zeug dazu hast, weil du die Power besitzt, diese Visionen real werden zu lassen? Ich denke, es ist so: Wir können uns etwas sowieso nur wünschen, weil es auf anderer Ebene bereits real IST, sonst hätten wir keinen gedanklichen Zugriff darauf. Die Schöpfung ist abgeschlossen. Also, wie ist das bei dir? Hast du vor, deine Träume zu erhören, sie zu verwirklichen, oder wirst du sie vernachlässigen?

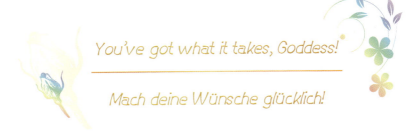

You've got what it takes, Goddess!

Mach deine Wünsche glücklich!

Eine Sache hierzu noch: Mache deine Wünsche von ganz konkreten Personen frei. Der Kosmos, die Supergöttin in dir, ist so viel weiser als jeder von uns mit seinem naturgemäß beschränkten Verstand und weiß sehr wohl, was am besten für uns ist, was wir gerade jetzt in dem Moment wirklich brauchen, was wirklich unserer Schwingung entspricht. Wie oft erlebe ich es, dass Menschen mit einer ganz bestimmten Person zusammen sein möchten, doch die Liebe wird (auf menschlicher Ebene) nicht erwidert. Diese Menschen verbeißen sich geradezu in die fixe Idee, dass nun ausgerechnet diese besondere Person den ihr zugedachten Platz im Leben einnehmen sollte. Erst aus einem weniger verbissenen Blickwinkel wird eine viel passendere Person gesehen. Deswegen mach dich locker. Ordere lieber Gefühle und Eigenschaften, statt konkrete Personen, Orte oder Gegenstände. Male dir aus, was du willst – vor allem, wie es sich anfühlt –, und dann bestellst du »dieses oder etwas Besseres«! Auf diese Weise erlaubst du dem Universum, dir ganz leicht zu bringen, was dir jetzt am ehesten entspricht und lässt die »Skala der Wunscherfüllung« nach oben hin offen.

Lerne, Herzens-Wünsche von Ego-Wünschen zu unterscheiden

Du kannst grundsätzlich zwei Arten von Wünschen in dir tragen – Herzens- und Ego-Wünsche –, die wiederum den beiden Grundemotionen Liebe oder Angst entspringen. Um zu identifizieren, ob es sich um Herzens- oder Ego-Wünsche handelt, solltest du bereits sehr gute Verbindungen zu deinem inneren Wesen, deinem Herzen, pflegen, ansonsten kann dir auch ein Berater oder Coach helfen, oder du gibst dir einfach etwas Zeit: Werde dir zunächst klar darüber, was du willst. Dann stelle dir die Erreichung des Wunsches vor und welche Gefühle dies in dir auslöst. Sei ganz ehrlich mit dir: Was ist dein wahres Motiv hinter dem Wunsch? Nehmen wir das Beispiel »Partnerschaft«. Sagen wir, jemand wünscht sich einen Partner. Ist dann der Wunsch aus dem Gefühl entsprungen, generell nicht allein sein zu wollen oder etwa aus der Angst, im Alter allein zu sein? Ist Alleinsein schwer für den Wünschenden, oder ist da die Sehnsucht nach Bestätigung, der Wunsch danach, gesagt zu bekommen, man sei liebenswert, weil man sich dies gegebenenfalls selbst nicht zugestehen kann? All dies sind Motive, die definitiv der Angst entspringen. Deshalb prüfe die Motive, die hinter deinen Wünschen stecken, genau.

Oft wissen wir gar nicht, weshalb wir etwas (wirklich) wollen. Selbsterkenntnis kann hier ungemein befreiend wirken. Wäre der Wunsch nach Partnerschaft einfach der Freude entsprungen, die wir empfinden, wenn wir das eigene Leben mit jemandem teilen, nicht aus Angst oder gefühlter Notwendigkeit heraus, dann wäre der Wunsch dem reinen Bewusstsein entsprungen, das nichts braucht, sich sehr wohl aber in (vermenschlichter Form) nach Erfahrung sehnt.

Noch ein Beispiel: Stelle dir vor, jemand wünscht sich eine dicke Villa. Weiß dieser Mensch einfach schöne Architektur, viel Platz und die Möglichkeit zur persönlichen Entfaltung zu schätzen, oder braucht er sie als Statussymbol, um sich und der Welt zu beweisen, dass er es (auf materieller Ebene) geschafft hat?

Du merkst, worauf ich hinaus will. Ich will dir jetzt nicht erzählen, nur Herzenswünsche seien korrekt. Nein, im Gegenteil. Was auch immer du möchtest – es gibt kein »Falsch« und kein »Richtig«. Und gerade Wünsche, die dem Ego entspringen, können uns auf dem Level der persönlichen Transformation helfen – wenn wir sie reflektieren und uns nicht selbst belügen. So habe ich einmal sage und schreibe fast zwölf Jahre gebraucht, um festzustellen, dass ich einen bestimmten Mann, mit dem ich lange eine On-Off-Beziehung führte, gar nicht wollte – ich wollte stattdessen, dass er mich will. Du kannst dir gar nicht vorstellen, wie befreiend es war, als mir das endlich klar wurde! Schon spannend, was das Ego so mit uns macht, wenn wir nicht genau hinschauen ...

Zwei Arten, zu erschaffen

Es einfach laufen lassen

Nun gibt es ja so manchen Zeitgenossen, der sich bereits vermeintlich »über alles erhoben« hat und sich gar nichts mehr wünscht, sondern sich dem Fluss des Lebens anvertraut. Diese Menschen sind häufig der Meinung, es gäbe einen vorherbestimmten Plan, den jemand außer ihnen festgelegt hat (Gott, die Seele, …). Das kann man so machen, und wenn man sich vorwiegend in der Liebe aufhält und die Schwingung hoch hält, wird man überwiegend Positives manifestieren. Je nachdem, welchem Bewusstseinsstand diese Haltung entspringt, kann es allerdings sein, dass ein Mensch einfach aufgegeben hat und das Laufenlassen weniger mit Vertrauen in die Schöpfung zu tun hat als mit Selbstaufgabe und Resignation.

Bewusst erschaffen

In meinem Weltbild kommt es einer Verleugnung unserer wahren Schöpferkraft gleich, wenn wir es im Sinne von Aufgeben einfach laufen lassen. Was gibt es für eine Schöpferin/einen Schöpfer Schöneres, als sich etwas gedanklich auszumalen und dann die Entstehung bis zur Vollendung mitzuerleben? Das ist etwas so Köstliches, da steckt so viel Potenzial für Freude und Begeisterung drin, dass ich überzeugt bin: Dass wir uns als Schöpfer in dieser manifesten Realität austoben, ist so gedacht. Dass wir festlegen, was wir erfahren, haben oder sein möchten, um dann unseren Fokus darauf zu richten, bis diese oder eine bessere Erfahrung gemacht wurde. Das ist überhaupt ein guter Hinweis: Erwarte immer das, was du bestellt hast, ODER etwas Besseres. So beschränkst du das ultimative Schöpferpotenzial in seiner Großartigkeit nicht.

Ein Beispiel: Als ich einmal unbedingt nach New York wollte, habe ich die Stadt visualisiert. Ich habe mich so in sie hineingefühlt, als wäre ich bereits dort, habe mich auf der Aussichtsplattform des Rockefeller Centers mit Blick auf den Central Park stehen sehen und die Aussicht genossen. Ich habe in meiner Vorstellung die Begeisterung gefühlt, endlich dort zu sein, und sogar den Wind konnte ich auf meiner Haut spüren. Die Vorstellung war so lebendig, so vital, dass ich in dieser Zeit immer mehr und mehr Hinweise auf New York bekommen habe. Mal war da eine Schlagzeile, in der »New York« in großen Lettern stand, mal sprach jemand ganz »zufällig« darüber. Ich sah New York praktisch überall. Immer mehr dieser sogenannten Synchronizitäten tauchten auf, bis ich von einem Freund eingeladen wurde, ihn nach New York zu begleiten. Und als ich dann an genau dem Platz stand, den ich vorab nur vor meinem geistigen Auge gesehen und gespürt hatte, da war es noch überwältigender als in meiner Vorstellung.

Es hat etwas ungeheuer Magisches, sich plötzlich in seiner Vision wiederzufinden, sie real zu erleben und vor allem zu wissen, wie man sich da hinein katapultiert hat. Es ist so eine Freude, so ein neues Verständnis von Leben, so eine Gnade, dies (bewusst) erleben zu dürfen – einfach großartig. Allein schon deswegen lohnt es sich, mehr und mehr bewusst zu erschaffen, den Dreh rauszukriegen und immer mehr von dem zu erleben, was du willst, statt von dem, was du nicht willst und was du so niemals erschaffen würdest. Es gibt dir Power, es gibt dir Größe, ein Gefühl von Kontrolle und Mitbestimmung bei gleichzeitiger Demut vor der Schöpfung (bzw. deinem Höheren Selbst), die diese Erfahrungen überhaupt erst ermöglicht. Vor dieser Intelligenz, die beständig alles so organisiert, dass jede Seele die von ihr erwünschten Erfahrungen macht, die richtigen Impulse, Mitspieler und Gelegenheiten erhält, damit ihre Wünsche wahr werden.

Bewusstes Erschaffen –
Die ShoppingCenterTaktik (SCT)

Damit es noch besser klappt mit dem zielgerichteten Fokus und damit der bewussten Erschaffung gewünschter Realitäten, stelle ich dir jetzt die ShoppingCenterTaktik vor:

Ich liebe plastische Beispiele – deswegen gehen wir beide jetzt (mental) shoppen: Was tust du, wenn du, sagen wir, einen schwarzen Rock für dein nächstes Date, eine Party oder Ähnliches shoppen willst? Genau, du machst dich auf die Suche und fokussierst dich total auf das Endergebnis. Du siehst vor deinem inneren Auge bereits das Resultat: Nämlich dich in dem sagenhaft schicken, schwarzen Rock, der deine Kurven vorteilhaft betont und sich zauberhaft an deine Figur schmiegt ... Du bist geistig im Resultat. Auf der Suche nach dem perfekten Rock wird alles andere ausgeblendet, denn du suchst ja grade keine weiße Bluse, blaue Hose oder braunen Schuhe. Wieso solltest du deine Aufmerksamkeit also auf diese Dinge richten? Klingt doch super plausibel, oder?

Wären wir bei der Wahl unserer Gedanken
mindestens genauso sorgfältig
wie bei der Wahl unserer Garderobe,
könnten wir sehr viel mehr Glück
und Leichtigkeit erfahren.

Doch wie sieht die Realität häufig aus?

Selbst wenn du in der glücklichen Lage bist, zu wissen, was du willst – nämlich einen schwarzen Rock, oder Liebe, oder Leichtigkeit –, muss das noch lange nicht heißen, dass du auch darauf fokussiert bist. Da kommen die miserablen News im Fernsehen, und schon bist du down, abgelenkt, beschwerst dich über so viel Leid und Ungerechtigkeit in der Welt und entfernst dich schon wieder von deiner Leichtigkeit und Lebensfreude. Oder es kommt ein Zeitgenosse mit dem x-ten Problem daher und legt ungefragt dieselbe Schallplatte auf, die du schon lange nicht mehr hören kannst. Du hast dir den Mund schon fusselig geredet und gute Ratschläge gegeben, doch es bringt einfach nichts. Dieser Zeitgenosse jammert um des Jammerns willen. Und sobald er damit anfängt, sinkt deine Laune in den Keller, und deine Leichtigkeit und Happiness suchen das Weite.

Wenn du dich von all dem beeinflussen lässt, dann ist das, als würdest du auf der Suche nach dem schwarzen Rock alle paar Schritte stehen bleiben, dich über gelbe Röcke aufregen und sie für ihre Existenz verurteilen, weil du doch schließlich einen schwarzen willst. Oder Mitleid mit blauen Hosen haben, weil die anscheinend niemand haben will und eine Charity-Aktion für weiße Blusen ins Leben rufen, weil sie eine unbeachtete Minderheit darstellen.

Bringt dich das alles deinem schwarzen Rock näher? Nein, es verwirrt dich nur, lenkt deinen Fokus, deine Aufmerksamkeit und Energie in nicht zielführende Gedankengänge, und plötzlich trägst du das Leid der Welt auf deinen Schultern. Das ist nicht »dein Job«. Dein Job als Göttin ist es, Freude zu fühlen und zu verbreiten. Dein Job ist es, Liebe zu fühlen und zu verbreiten. Und Leichtigkeit. Und Lebensfreude. Denn das bist du. Das ist deine wahre Essenz. Alles andere entspricht nicht deiner wahren Natur. Halte es nicht zurück. Sei all das – verkörpere die Leichtigkeit, die Lebensfreude, die Happiness.

Also:

Stop confusion!

*Schluss mit der Verwirrung,
und her mit der Klarheit.*

Wie wichtig sind dir dein Flow, deine Leichtigkeit, deine Happiness? Du solltest sie zur absoluten Priorität erklären, wenn du sie leben willst. Wenn du zulässt, dass alles und jeder die Macht hat, dich aus dem Flow zu kicken, dann sind dir deine guten Gefühle nicht wichtig genug. Lege gleich jetzt fest:

*Das Wichtigste in meinem Leben
sind meine guten Gefühle,
denn sie bringen mich meinen
Zielen und Wünschen näher.*

Um unsere Leichtigkeit und alles andere im Leben zu meistern, dürfen wir also lernen, unsere Energie dahin zu lenken, wohin wir sie haben wollen und sie nicht ablenken bzw. zerstreuen zu lassen.

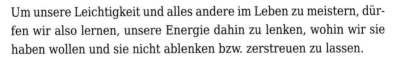

*Du allein hast die Wahl deiner Gedanken in der Hand.
Sie entscheidet über deine Lebensqualität.*

Deshalb liebe ich diesen Satz: »Wenn es einfach ist, kommt es von Gott.« Und wann immer du dich schlechter als wunderbar fühlst und du die Leichtigkeit verloren hast, dann erinnere dich daran. Sag der Verwirrung »Adieu!«, und fokussiere dich auf Klarheit und Leichtigkeit. Mache es dir einfach leicht, und lenke deinen Fokus auf zielführende, leichte Gedanken. Auf den schwarzen Rock.

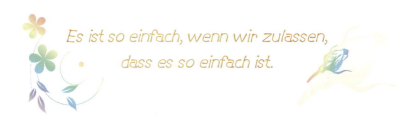

Es ist so einfach, wenn wir zulassen, dass es so einfach ist.

Tipps für das bewusste Erschaffen:

- Überlasse das »Wie« dem Kosmos – wenn du versuchst, herauszufinden, wie du bekommen wirst, was du willst, dann sendest du Zweifel aus. Das »Wie« kann dir egal sein. Das Universum findet einen Weg, um dich mit dem zu verbinden, was du willst. Es heißt, es gäbe immer mindestens zwanzig Optionen, wie du das bekommen kannst, was du willst. Also, ich weiß ja nicht, wie es dir geht, aber meine Vorstellungskraft steigt immer bei spätestens sieben aus. Beispiel: Ich will auf die Malediven. Erste Option: Ich könnte mein Konto plündern und losfliegen. Zweite Option: Ich könnte einen Kredit aufnehmen, und ab die Post. Dritte Option: Ich könnte ein Preisausschreiben dorthin gewinnen. Vierte Option: Jemand könnte mich einladen. Fünfte Option: Ich erbe unerwartet. Sechste Option: Ich werde gebucht und die Klientin/der Klient möchte ein Intensivcoaching auf den Malediven. Siebte Option: Beim nächsten Flug verfliegt sich der Pilot und landet statt in Berlin auf den Malediven. Zugegeben, letztere Option ist dann doch eher unwahrscheinlich. Damit will ich nur sagen: Lege fest, was du willst, und lasse dich vom Kosmos überraschen. Die Lieferbedingungen sind nicht dein Business.

- Wünsche nichts, was bereits einem anderen gehört. Sagen wir, dir gefällt ein Haus, aber es gehört bereits jemandem und derjenige hat auch nicht vor, demnächst auszuziehen. Dann halte nicht daran fest, genau dieses Haus zu wollen. Es gibt unzählige weitere Häuser bzw. viele, die neu gebaut werden. Sage dem Kosmos also lieber, du willst ein Haus WIE dieses und konzentriere dich auf die Eigenschaften, die du jeweils wertschätzt. Versuche also nie, jemandem etwas wegzunehmen – sondern mache dir klar, dass es das Richtige FÜR DICH da draußen gibt. Lasse dich inspirieren, aber erschaffe nie so konkret, dass du versucht bist, jemanden um etwas zu bringen. Das gibt »schlechtes Karma«, denn wer nimmt, dem wird genommen. Schöpfe aus der Fülle, es ist mehr als genug für alle da.

- Keine konkreten Personen! Wenn es um Liebesbeziehungen geht, erlebe ich es immer noch häufig, dass sich Klientinnen/ Klienten einen gewissen, ganz speziellen Mann/eine ganz spezielle Frau »einbilden«. Sie machen die Erfüllung einer glücklichen Partnerschaft an einer konkreten Person fest, und es treibt sie schier in die Verzweiflung, wenn der Auserwählte/ die Auserwählte nun aber nicht will. Mache dich ein für alle Mal frei davon. Du kennst einen tollen Mann? Prima! Aber er will nichts von dir? Auch prima. Es gibt noch einige Milliarden weitere Männer auf der Welt – darunter gibt es sicher einen, der die von dir so hoch geschätzten Eigenschaften hat UND dich will. Vielleicht sogar einen, der sogar noch besser passt als der von dir angepeilte. Ich kenne viele Frauen, die dann beginnen, an sich »zu arbeiten« und sich solange zu verändern versuchen, bis er sie letztlich doch will. Was für ein Stress! Das hast du erstens nicht nötig und zweitens gibt es da jemanden, für den du dich nicht erst verändern musst.

- Investiere mehr Energie in die Vision als in die Realität. Mit deiner Schöpferkraft erschaffst du jeden weiteren Moment deines Lebens. Wenn sich etwas verändern soll, dann musst du also mehr Aufmerksamkeit alias Schöpferkraft in deine Vision geben als in die Bestätigung der Realität durch Beobachtung und Bewertung.

- Liebe das, was du jetzt bist und was du jetzt hast. Wenn du ablehnst, was du jetzt bist, tust und hast, dann bist du sozusagen im Krieg mit der Realität. Das erzeugt Widerstand und schwächt deine Kraft und dein Glücksempfinden. Wolle, was du hast, wertschätze es, und sei trotzdem auf dem Weg der Veränderung hin zu deiner Vision. Du kannst Neues erschaffen, ohne mit dem Alten auf Kriegsfuß zu stehen. Du kannst wertschätzen, wo du jetzt bist, oder du kannst es verdammen – aber Letzteres macht es dir deutlich schwerer, happy zu sein.

Be at peace with what is.

Sei im Frieden mit dem, was ist.

Was Wunder sind und wie du sie ermöglichst

»Es ist ein Wunder geschehen!«, heißt es immer dann, wenn etwas sehr Unwahrscheinliches geschehen ist. Etwas, was nach »normalen« Gesetzmäßigkeiten nicht hätte geschehen sollen oder dürfen – die Spontanheilung eines todgeweihten Menschen etwa oder ein unerwarteter finanzieller Segen, der aus dem Nichts zu kommen scheint und das Schicksal des Empfängers grundlegend verändert. Etwas, was dem gesunden Menschenverstand widerspricht. Aber ist ein Verstand wirklich gesund, der nicht an Wunder glaubt? Ich behaupte, ein gesunder Verstand, ein erweitertes Bewusstsein, erwartet Wunder und sieht sie als etwas ganz Normales an. Im Universum ist alles möglich, was wir ersinnen können. Es existiert – eben durch unsere Gedanken. Mehr noch. Es existiert bereits, bevor wir daran denken, deshalb können wir uns überhaupt erst auf den Gedanken einschwingen. Alles, was du dir wünschen kannst, ist also bereits auf einer anderen Ebene der Existenz real. Alles. Diese Sichtweise eröffnet unendliche Möglichkeiten. Realitäten in Form von Wundern ins Leben zu ziehen, ist nur eine Abweichung davon, was allgemein hin für möglich gehalten wird. Wenn wir die Grenzen unserer Gedanken ausweiten, werden auch Wunder immer wahrscheinlicher und realer, weil wir ihre mögliche Existenz in Betracht ziehen.

Deswegen lass dich nicht von dem begrenzen, was andere für möglich halten oder davon, was du bis jetzt für möglich gehalten hast.

Der Weg einer Göttin ist mit Wundern gepflastert!

Öffne dich für das Unwahrscheinliche, für das Fantastische, für das Wundervolle. Schwinge dich auf diese Frequenz ein – und dann hoffe ich, dass du mir und anderen Menschen von den zahlreichen »Wundern« berichten wirst, die dir widerfahren sind. Dadurch wird es für alle leichter, ebenfalls Wunder in ihr Leben zu ziehen, und ganz nebenbei erschaffen wir so eine **wunder**volle Welt. Ist das nicht ein **wunder**voller Gedanke?

Wie frei ist der freie Wille?

Das ist eine sehr philosophische Frage, und ich bin nicht die Erste, die sich damit befasst. Wie sieht deine Antwort aus? Grundsätzlich ist der freie Wille deine Möglichkeit, Entscheidungen zu treffen. Angefangen bei deinen Gedanken. Willst du positiv denken oder negativ? Willst du in Möglichkeiten denken oder in Unwahrscheinlichkeiten? Du wählst permanent. Wichtig ist, eine immer bewusstere Wahl zu treffen. Welche Wahl triffst du mit deinem nächsten Gedanken? Für welche Seite entscheidest du dich?

Ich bin für mich zu dem Schluss gekommen, dass der freie Wille sehr wohl existiert. Und auch wieder nicht. In meinem Weltbild kommen wir aus der Liebe. Das Universum und alles darin besteht aus der Ursubstanz der bedingungslosen Liebe. Auch du. Auch ich. Das Universum entsteht und vergeht. In der Zwischenzeit erleben wir alles, was im Kosmos eben so erlebbar ist. Wir und unzählige andere Erfahrungspunkte, durch die das Universum sich selbst in dem Versuch erlebt, sich erfahrungsgemäß zu erkennen. Deswegen müssen wir uns verlieren, um uns zu finden. Deswegen müssen wir Negativität erfahren, um unsere wahre Natur der Liebe und des

Mitgefühls erfahrbar zu machen. Wir kommen aus der Liebe. Wir vergessen, was wir sind. Wir machen Erfahrungen und erinnern uns schließlich, dass wir Liebe sind. Wir gehen zurück in die Liebe, und der ewige Kreislauf beginnt von vorn: Das Ein- und Ausatmen des Kosmos. Der Beginn und das Ende unserer Geschichte – über wie viele Inkarnationen hinweg auch immer – steht also fest. Insofern haben wir keinen freien Willen, denn was wir sind, ist unantastbar, unveränderbar auf kosmischer, unendlicher Ebene.

Doch haben wir die Möglichkeit, innerhalb der Erfahrung, die wir Leben nennen, sehr wohl andere Erfahrungen zu machen, von der Liebe abweichend alle Facetten der Menschlichkeit kennenzulernen und damit zu spielen. Und da die Möglichkeiten, aus denen wir bewusst oder unbewusst wählen, unendlich in ihrer Anzahl sind, haben wir sehr wohl den freien Willen, denn es ist eine unbegrenzte Wahl, die wir treffen können, es sind unzählige Rollen, in die wir schlüpfen können und unvorstellbar viele Erfahrungen, die wir machen, und Abzweigungen, die wir auf unserem Lebensweg nehmen können. Also gibt es innerhalb dieser Spielregeln den freien Willen. Und wenn unsere Wahlmöglichkeiten in ihrer Anzahl unendlich sind, dann halte ich den freien Willen innerhalb der menschlichen Erfahrung somit ebenfalls für unendlich frei.

Man könnte jetzt noch darüber philosophieren, wie frei der Wille ist, wenn wir über Manipulation sprechen, also von der Beeinflussung der Wahl einer Person, die von vornherein eingeschränkt ist. Aber hier bewegen wir uns dann auf der zwischenmenschlichen Ebene, in der der freie Wille sehr wohl Opfer von Manipulation werden kann und damit eingeschränkt ist. Dennoch existiert er auf kosmischer Ebene, und auf der Seelenebene haben sich die betreffenden Individuen zu dieser Erfahrung verabredet – durch das Gesetz der Resonanz. Jemand könnte zum Beispiel fürchten, Opfer von geschickter Manipulation zu werden, und eben diese Befürchtung zieht eine Person oder Situation an, die ihm diesen Gefallen tun wird. So erlebt jene Person die Einschränkung ihres freien Willens durch die Befürchtung, Manipulation könnte geschehen. Remember:

Aufmerksamkeit erschafft. Deshalb bekommen wir nicht nur, was wir wollen, sondern auch, was wir fürchten.

Dieser Spruch ist so wahr und geht viel tiefer, als er zunächst klingt: Es gibt nichts zu fürchten außer der Furcht selbst.

Keine Angst vor schlechten Gefühlen

Nachdem du nun weißt, was »schlechte« Gefühle eigentlich sind, brauchst du sie nicht länger zu fürchten. Nimm sie einfach nur wahr, beobachte sie, und löse sie auf, wenn du kannst. Eine weitere, effektive Technik stelle ich dir später noch vor. Oftmals löst sich ein unangenehmes Gefühl bereits auf, wenn wir verstanden haben, was es uns sagen wollte. Dann hat es seinen Zweck erfüllt und kann gehen bzw. in reine Liebe transformiert werden. Unterdrücke also niemals die schlechten Gefühle, denn sie sind durchaus wertvoll für dich. Wenn du aus dem göttlichen Flow fliegst, dann hast du eine gute Gelegenheit, dich darin zu üben, wieder in denselben einzusteigen. Abgesehen davon kannst du so nach und nach deine Schatten und Traumata auflösen − alles, was nach oben kommt, will geheilt werden, und wenn du nichts verdrängst, sondern das anschaust und auflöst, was sich gerade zeigt, dann näherst du dich mehr und mehr deinem Potenzial der Liebe. Mach dich also nicht fertig, wenn du dich einmal schlechter fühlst, als du dich fühlen willst. Sei froh, dass da etwas an die Oberfläche kommt, schaue es dir an, verstehe es, und lasse es gehen. Deshalb sollten wir unseren »speziellen Freunden«, also den Seelen, die uns herausfordern und (immer wieder) Dinge in uns anstoßen, eigentlich dankbar sein, denn sie zeigen uns, wo die Knöpfe sind, die überhaupt noch gedrückt werden können. Kennst du den Spruch:

»Wenn du dich für sooo erleuchtet hältst,
dann verbringe mal eine Woche
mit deinen Eltern«?

Oft sind es nämlich die Menschen, die uns besonders nahestehen, die unsere Knöpfe am besten drücken. Und erst, wenn die Muster durchbrochen sind und dich das Verhalten anderer nicht mehr in die Luft gehen, dich traurig werden lässt, du dich davon entmutigt fühlst (oder was auch immer in deinem Fall passieren mag, wenn deine Knöpfe gedrückt werden), dann weißt du, dass du auf dem Weg der Meisterschaft schon recht weit gekommen bist.

Liebe ist stärker als Angst – und gesünder!

Die Liebe als einzige Wahrheit ist naturgemäß stärker als die Angst, die nur die Abwesenheit von Liebe beschreibt. Die Rede ist davon, dass die Liebe hundertmal stärker ist als die Angst. Das heißt konkret für dich: Wenn du positive Schwingungen aussendest, sind diese hundertmal stärker, als die negativen, will heißen: Du müsstest schon sehr viele negative Gedanken haben und dich sehr viel auf Negatives fokussieren, um etwas Unerwünschtes in dein Leben zu ziehen. Du kannst den Unterschied spüren: Wenn du dich nicht gut fühlst – sagen wir, du hast Angst, verlassen zu werden oder den Job zu verlieren –, ist das dann nicht ein Gefühl, das dich einengt, was dich in dir zusammensinken lässt? Stelle dir eine Situation vor, in der du dich nicht gut gefühlt hast, und sensibilisiere dich dafür, was das mit dir macht. Und nun stelle dir eine ausgesprochen angenehme Situation vor, die dich so richtig fröhlich gemacht hat – wenn nötig, erfinde etwas (wie einen Lottogewinn oder Ähnliches). Dieses Gefühl dehnt sich aus. Es ist, als würdest du dich öffnen und geradezu überfließen, stimmt's? Genau das meine ich. Angst zieht sich (dich) zusammen, und Liebe dehnt sich (dich) aus.

Forscher haben übrigens herausgefunden, dass es die DNA selbst ist, die sich zusammenzieht oder entspannt, je nachdem, wie sich ihr Besitzer fühlt. Die Doppelhelix der DNA verläuft spiralförmig, und diese Spirale kann sich – wie ein Stoßdämpfer – zusammen- oder auseinanderziehen. Im entspannten Zustand reproduziert sie sich besser – mit weitaus weniger »Lesefehlern« – als im angespannten Zustand. Eine entspannte, fröhliche Grundhaltung wirkt sich also ganz konkret positiv auf deine Gesundheit aus. Die »Lesefehler« beim Bau neuer Zellen sind nämlich ein Grund für den Alterungsprozess und auch für Krankheiten. Die DNA wird mit der Zeit immer fehlerhafter kopiert, und so entstehen beschädigte Zellen, die nicht mehr korrekt arbeiten bzw. Vitalität vermissen lassen.[1] Also:

Be happy!
Und sei einfach länger jung!

Stelle dir einen Korken vor, den man unter Wasser drückt. Für den Korken ist es natürlich, obenauf zu schwimmen. Ähnlich, wie es für dich natürlich ist, dich gut zu fühlen und eine erfreuliche Lebenserfahrung zu machen. Um den Korken unter Wasser zu drücken und dort zu halten, ist ein Kraftaufwand notwendig. Mit negativem Denken ist es ganz ähnlich: Es ist nicht natürlich, nicht die letzte Wahrheit über dich und quasi die Kraft, die deinen Korken, deine guten Gefühle nach unten drückt. Deshalb:

Lass einfach den Korken los!

---

[1] Für weitere Infos empfehle ich die Arbeit von Gregg Braden, den ich sehr schätze.

Du hast Hilfe –
deine kosmischen Assistenten

Glaubst du an Engel? An Außerirdische? Daran, dass die Seelen verstorbener lieber Menschen über uns wachen? An Einhörner, die dich begleiten und heilen? Wie auch immer dein Konzept vom Kosmos und der Welt aussehen mag – ich glaube sehr wohl, dass es Wesen außerhalb unserer »normalen« physischen Wahrnehmung gibt, die uns zur Seite stehen. Schließlich nehmen wir mit unseren Sinnen nur einen Bruchteil dessen wahr, was wirklich existiert. Zum Beispiel Mikrowellen. Sie existieren zweifelsfrei, aber sehen können wir sie nicht. Das Gleiche gilt für Funkwellen, Ultraschallwellen ... und Gedanken. Ich glaube, wir haben kosmische Helferlein, die nicht jeder von uns sehen kann, die auf geistiger Ebene mit uns kommunizieren, uns unterstützen und uns beständig ihre Hilfe anbieten – wenn wir sie lassen.

Um die ungeheure Kraft zu nutzen, die der Kosmos dir als Schar von himmlischen Helfern zur Verfügung stellt, musst du dich ihrer nur gewahr werden. Erwäge ihre wohlwollende Existenz. Erwäge für einen Moment, dass ihre Freude darin besteht, dir bei der Erfüllung deiner Wünsche behilflich zu sein, durch das Arrangieren von günstigen Gelegenheiten, »zufälligen« Treffen usw. Erwäge für einen Moment, dass dies ihr einziger Daseinszweck sein könnte. Setze ihre Kraft frei, nimm ihre Hilfestellung aktiv an, indem du mit ihnen kommunizierst, ihnen sagst, was du möchtest, damit sie es dir bringen oder dich dahin leiten können und indem du ihnen für ihre Präsenz und ihre Liebe zu dir dankst. Erkenne die Hilfe an, und wisse, dass sie dir zusteht. Eine ganze Engelschar wartet darauf, dir zu Diensten zu sein. Lasse nicht zu, dass sie gelangweilt im siebten Himmel sitzen. Gib ihnen etwas zu tun, beschäftige sie! Du wirst dich wundern, wie viele Dinge sich ergeben, während sich andere wiederum von selbst erledigen, nur weil du deinen »Persönlichen Assistenten« (PAs) Bescheid gegeben hast.

Ein Beispiel: Erst vor ein paar Tagen habe ich mir überlegt, meine Gastbeiträge für andere Seiten auf meiner Website zu verknüpfen. Nur ein kurzer Gedanke daran – ich hatte es niemandem gegenüber erwähnt – und ich musste nicht einmal suchen, weil eine Freundin »zufällig« darauf stieß und mir einen der Links am nächsten Tag zusandte.

Eine Kleinigkeit, sagst du? Mag sein. Doch der Prozess ist derselbe. Ob du nun große Dinge oder kleine Annehmlichkeiten erschaffst. So funktioniert es. Problematisch ist nur, dass wir größere Dinge, größere Wünsche für schwer erreichbar oder gar für unmöglich halten und unser Glaube dabei die Durchlässigkeit für oder den Widerstand gegen den manifestierten Wunsch bestimmt. Deswegen bekomme ich eher einen Link geschickt und erspare mir die Suche nach dem Artikel, als dass ich im Lotto gewinne – ich halte das eine für sehr wahrscheinlich und das andere für sehr unwahrscheinlich. Mehr noch – ich hatte null Attachment (Verhaftung) auf den Link – zur Not hätte ich ihn selbst herausgesucht, aber auf diese Weise habe ich mir einen Arbeitsschritt gespart. Weil ich es nicht als große Sache empfunden habe, konnte ich den Wunsch loslassen, hatte ihn sogar komplett vergessen, bis mich die Nachricht mit dem Link daran erinnerte. Reichtum dagegen ist (gefühlt) schon eine größere Sache, an der ich zugegebenermaßen noch etwas mehr hänge. Mit einem großen Geldbetrag könnte ich so einiges tun – für mich und für die Welt. Da hängt einfach mehr Attachment dran als an einem Gastbeitrag.

Du verstehst mich. Je wichtiger uns etwas ist und je größer es uns erscheint, desto schwerer fällt es uns, den Wunsch richtig loszulassen. Wir denken immer mal wieder daran und senden damit Zweifel aus – das Signal heißt: »Es ist noch nicht da! Wo zum Henker bleibt es denn?« Das ist das Mangelsignal, das die Abwesenheit des erfüllten Wunsches bestätigt. Das die Realität bestätigt, nicht die Vision, also den Wunsch. Und so kann »es« nicht eintreten. Es kommt dann, wenn wir auch ohne es super glücklich sind, wir es gar nicht brauchen und deshalb der Sache gegenüber keinen Widerstand haben, sie nicht vermissen. So ist das mit allem, was wir uns wünschen. Den Wunsch loszulassen heißt einfach, dass du glücklich bist – mit oder ohne Wunscherfüllung.

Happy for no reason,

also glücklich ohne Grund, ohne äußeren Einfluss, aus dir selbst heraus.

Selbst gemachtes Glück sozusagen. Am besten sogar, ohne über den Wunsch weiter nachzudenken, zumindest ohne sein Fehlen beständig zu affirmieren (zu bejahen). Das korrekte Signal zum Empfangen des Wunsches muss in etwa so lauten: »Juhu! Es ist da, wie großartig, was mach ich denn jetzt alles? Mit wem fliege ich in die Südsee, um weitere Planungen zu besprechen und in der Hängematte die Wolken zu bestaunen?« Das ist das Fülle-Signal, das aussagt, dass der Wunsch bereits erfüllt ist. In diesen Zustand müssen wir uns zunächst geistig versetzen, um die entsprechende Realität physisch erfahren zu können. Dem widmen wir uns in dem Kapitel »Die sieben Wege zur Supergöttin« ausführlich.

Deine Schöpferkraft und wie du effizient mit ihr umgehst

Zum Abschluss dieses Kapitels möchte ich dir noch etwas mehr über deine Schöpferkraft erzählen und darüber, wie du sie am besten für dich und die Welt nutzen kannst. Deine Schöpferkraft ist dieselbe, aus der das gesamte Universum besteht.

Du nutzt die Kraft, die Welten erschafft.
Sie fließt durch dich, während du dies liest,
während du denkst, in diesem Moment.
Immer. Jetzt.

Es gibt nur diese eine Kraft, die bedingungslose Liebe. Und wann immer du dich super fühlst, es dir so richtig gut geht, du die Welt umarmen könntest und jeden Passanten küssen möchtest, der zufällig des Weges kommt, ist deine Kraft am stärksten. Wenn, in meinen Worten ausgedrückt, deine GoddessAttitude ON ist (GA ON). Wenn du also etwas erschaffen willst, dann rufe ein möglichst gutes Gefühl in dir hervor, und konzentriere dich dann auf deine Vision. Mache sie so lebendig wie möglich, indem du ihr Energie einhauchst, indem du sie mit allen Sinnen lebst – wie fühlt sich deine Vision, dein Wunsch an? Was siehst du, was hörst du, was schmeckst du, was riechst du in dieser Vision? Was tust du? Wer ist bei dir, oder bist du allein? Deine Schöpferkraft ist nichts, was verbraucht werden kann.

(RE-)FRESH START

Energie kann nicht erschaffen oder vernichtet werden – sie wechselt nur die Form.

Deshalb kannst du sie so verschwenderisch einsetzen, wie du willst. Du kannst niemandem etwas wegnehmen, und niemand enthält dir etwas vor. Das Universum und die Energie der Liebe sind unerschöpflich, für jeden von uns. Was du dir vorstellen kannst, das gehört dir bereits. Die Frage ist nur, ob du es schaffst, dies oder jenes in dein Leben hereinzulassen. Und das tust du, indem du dich ebenfalls so gut wie irgend möglich fühlst, denn dann bist du auf der Frequenz des Empfangens von allem, worum du gebeten hast, von all dem Guten, was der Kosmos zu bieten hat.

Tue es jetzt! Ja, JETZT. Denn das Universum findet dein Signal immer im gegenwärtigen Augenblick. Es kennt keine Zeit. Deswegen ist es so wichtig, dich jetzt gut zu fühlen. Das Jetzt ist die Schwingungsreferenz, auf die das Universum reagiert. Es ist unparteiisch.

Du fühlst dich mies und ziehst noch mehr Dinge, Erlebnisse und Personen an, die das Potenzial haben, dieses Gefühl noch zu verstärken. Du kennst das sicher: Pechvögel, die eine wahre Pechsträhne haben. Es fängt doof an und wird dann immer schlimmer. Immer mehr Dinge geschehen, um denjenigen scheinbar »zu ärgern«, bis er oder sie den absoluten Tiefpunkt erreicht hat. Eine Abwärtsspirale ins Nirwana der miesen Gefühle setzt sich fort. Das liegt daran, dass Gleiches von Gleichem angezogen wird. Ein »Pechvogel«, der sich weiter und weiter darauf einschwingt, sich immer mehr ärgert und sein Pech beklagt, wird solange mehr davon anziehen, bis er entscheidet, anders zu denken und zu fühlen (trotz allem, was ihm widerfahren sein mag), damit sich sein Geschick zum Besseren wenden kann.

Dieser energetische Tritt in den Hintern ist nötig, um den inneren Schweinehund zu überwinden und die Gefühle überhaupt ändern zu können. Im Körper passiert nämlich Folgendes: Die negativen Gedanken führen im Gehirn zur Ausschüttung von Botenstoffen, die im Körper das entsprechende (in diesem Fall schlechte) Gefühl auslösen. Der Körper bestätigt dem Gehirn: »Ja, mehr deprimierende Botenstoffe. Wir fühlen uns gerade mies.« Woraufhin das Gehirn weiterhin oder sogar verstärkt die Botenstoffe für schlechte Gefühle ausschüttet. Das ist ein Teufelskreis, bis man sich entscheidet, auf den Tisch zu hauen und sich bessere Gedanken zu machen, woraufhin Botenstoffe für fröhlichere Gefühle dem Gehirn wiederum mitteilen, dass wir uns gut fühlen. Und schon befinden wir uns wieder in einer positiven Aufwärtsspirale. Es mag also etwas energetischer Aufwand und vor allem Wille nötig sein, um die Spirale umzukehren, aber lohnenswert ist es allemal.

Was ist Wahrheit?

Um dir etwas mehr Leichtigkeit zu verschaffen in Bezug auf das, was du mit deinem Leben anstellen solltest oder auch nicht, möchte ich kurz erläutern, wie ich Wahrheit definiere und wie wir am besten zu ihr finden. Ich glaube, an einem bestimmten Punkt im Leben (wenn nicht generell) haben wir alle ein tiefes Bedürfnis danach, zu wissen, was Wahrheit ist. Was ist »wahrhaftig«? In unserem Informationszeitalter ist es schwierig, den Überblick zu behalten. Mal ehrlich, wer weiß da noch genau, was wirklich »wahr« ist? Und kann man denn jederzeit seinen eigenen fünf Sinnen trauen? Häufig besteht unsere Wahrheit nur aus Vermutungen, oder wir bauen unser Weltbild auf der Wahrheit anderer auf, oder wir übernehmen deren Wahrheit ungeprüft als unsere eigene. Überhaupt: Die Wahrheit im Außen zu suchen, erscheint mir als keine geeignete Option. Bei all den unzähligen Auffassungen zu den verschiedensten Themen, all dem Halbwissen und der Desinformation, die verbreitet werden, bleibt uns letztlich nur eines:

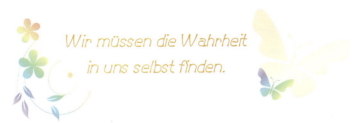

Wir müssen die Wahrheit in uns selbst finden.

Hältst du zum Beispiel für wahr, dass die Erde rund ist? Dann muss ich dir sagen, dass eine nicht geringe Menge von Leuten heute noch für wahr hält, dass die Erde eine Scheibe ist. Und beide Seiten haben aus ihrer jeweiligen Sicht viele Gründe für ihre Wahrheit. Wenn ich weder berechnen kann, was nun zutrifft, weil mir die Möglichkeiten dazu fehlen, noch ins All fliegen und mich selbst davon überzeugen kann, dann muss ich mich aus reiner Willkür entscheiden, was ich zu meiner Wahrheit erklären möchte. Wem will ich mich anschließen? Ich sage weder, dass die Erde rund noch flach ist – ich sage nur: Die wenigsten haben die Erde jemals von oben gesehen und sich höchstselbst ein »Bild« von dieser Wahrheit gemacht. Und Bilder von der NASA? Schlechte Fälschungen, wie die »Flacherdler« behaupten. Wie kann ich also wissen, wie die Erde wirklich beschaffen ist?

Dies ist ein klassisches Beispiel für ungeprüft übernommene Wahrheiten und fällt meiner Meinung nach in den Sektor »Glauben« statt »Wissen«.

Nur weil viele etwas glauben, muss es noch lange nicht wahr sein.

Wenn du also wissen willst, was für dich wahr ist, dann überprüfe, womit du in Resonanz bist. Es gibt nicht »die eine« Wahrheit. Es gibt nur verschiedene Blickwinkel. Erkläre mal einem hungernden Kind in Afrika, dass es eine andere Wahrheit gibt als die, die es kennt, nämlich einen Überfluss an Essen. Das Kind erlebt eine ganz andere Wahrheit, nämlich Mangel an Nahrung. Folglich wird es Probleme damit haben, deine Wahrheit anzuerkennen. Es ist nicht seine Wahrheit. Ich möchte dich daher einladen, dir zu allem, einfach allem, deine eigene Wahrheit anzueignen. Egal, was jemand für wahr hält, es muss nicht deine Wahrheit sein. Umgekehrt ist das natürlich auch der Fall. Was für dich wahr ist, muss es für jemand anderen noch lange nicht sein. Das macht die unglaubliche Vielfalt des Universums aus – unzählige einzelne Wahrheiten, individuelle

Perspektiven, durch die das Universum auf sich selbst blicken kann. Prüfe, was sich für dich als wahr anfühlt, und höre dabei auf dein Herz, dein Gefühl und nicht so sehr darauf, was dein Verstand dir sagt, der gelernt hat, für wahr zu halten, was er verarbeiten kann, und der daher seine natürlichen Grenzen hat. Oftmals erscheint zum Beispiel die Liebe zu einem bestimmten Menschen völlig unlogisch – und trotzdem fühlst du sie.

Grundsätzlich ist es so, dass wir erschaffen, was wir für wahr halten.

Unser Leben ist wie ein Spiegel der Wahrheit, die wir in jedem Lebensbereich zu kennen meinen.

Bist du zum Beispiel der Überzeugung, alle Männer seien untreu, dann wirst du diese Erfahrung wieder und wieder machen. Und zwar so lange, bis du eine andere Wahrheit annehmen oder zumindest für möglich halten kannst – nämlich, dass es auch treue Männer geben könnte. Vielleicht stößt du bei einer anderen Frau auf einen solchen Mann und beginnst zu denken: »Hmm, wenn das jemand anderem passiert, vielleicht gibt es dann auch für mich einen treuen Mann?« Auf diese Weise wird die Wahrscheinlichkeit größer, dass du diese Wahrheit auch selbst erfährst. Viele Menschen glauben zum Beispiel, dass sie sehr hart für ihr Geld arbeiten müssen – und sie werden diese Erfahrung wieder machen, damit sich ihre Wahrheit in ihrem Leben ausdrücken kann. Wir müssen verstehen, dass immer beides vorhanden ist: das, was wir wollen, und das, was wir nicht wollen, d.h. die Wunschversion, das Gegenteil davon und alle Versionen dazwischen – dich in der erwünschten Beziehung oder dich als Single, dich mit dem großen Haus am beschaulichen Waldrand oder dich in der Miniwohnung in der lärmenden Großstadt, dich voller Freude und dich voller Missmut. In allen Dingen sind diese beiden Seiten enthalten, und du wählst mit deinem Glauben an die eine oder die andere Seite deine jeweilige Wahrheit.

Deswegen empfinde ich es als wichtigste Arbeit, die du für dich und für andere verrichten kannst, dass du deinen Horizont erweiterst, dein Bewusstsein öffnest, deine Wahrnehmung schärfst. Indem du nämlich mehr Möglichkeiten als wahr in Erwägung ziehst, kommst du in den Genuss, vielfältigere und zielgerichtetere Erfahrungen zu ermöglichen.

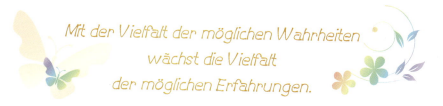

Mit der Vielfalt der möglichen Wahrheiten wächst die Vielfalt der möglichen Erfahrungen.

Aus diesem Grund ist eine Göttin immer offen für Neues, offen für neue oder andere Meinungen und Einsichten und jederzeit dazu bereit, ihr Weltbild gegen ein neues einzutauschen. Eine Göttin ehrt die Tatsache, dass sie (aus der menschlichen Perspektive) gar nicht wissen kann, was Wahrheit ist und was die Wahrheiten ihrer Mit-Göttinnen und -Götter ausmacht. Sie ist weit davon entfernt, über die Wahrheiten anderer zu urteilen, geschweige denn ihnen ihre Wahrheit aufdrücken zu wollen. Sie weiß um die Vielfalt des Kosmos und ehrt sie, ganz gleich, welche Gestalt sie auch annimmt.

Vor einer Sache möchte ich dich allerdings warnen: Verliere dich nicht in der Suche nach der Wahrheit. Du kannst, wie gesagt, nur deine eigene, ganz persönliche Wahrheit finden. Dazu gehört auch, dass letztlich du allein festlegst, welche Wahrheiten du für dein Leben überhaupt brauchst und welche nicht. Dabei kann man sich nämlich schnell verzetteln. Ich kann dir ein Lied davon singen! Was ist wichtig für dein Leben? Was musst du wissen? In welche Richtung musst oder willst du dich orientieren? Irgendwann habe ich mich gefragt, welche Frage die einzig wichtige für mein Leben hier als Mensch ist. Welche könnte das wohl sein? Und nach allen Fragen, die mir durch den Kopf gingen – woher wir stammen, wer uns wohl erschaffen, genetisch manipuliert oder hier auf der Erde ausgesetzt hat –, fragte ich mich schließlich, wie wichtig es für mein Jetzt und Hier ist, WAHRE Antworten auf diese Fragen zu haben. Es ist irrelevant. Völlig irrelevant für mein Glück in diesem Moment.

Denn die wichtigste Wahrheit für mich ist:

Alles ist Liebe.

Ich bin Liebe. Du bist Liebe. Und mit jedem einzelnen Gedanken entscheide ich mich für diese Liebe oder gegen sie. Fühle ich mich gut, habe ich mich für die Liebe entschieden, fühle ich mich schlecht, dagegen. Meine Gefühle entscheiden, was ich in mein Leben ziehe – gute Gefühle führen zu mehr (empfundener) Liebe, schlechte zu weniger. Das ist alles, aber auch wirklich alles, was ich für mein Leben wissen muss, um es so zu gestalten, wie ich es will. Es ist also recht wenig nötig, um sich hier auf diesem Planeten zu orientieren. Mach dich frei von der Wahrheit deiner Eltern, der Politik, der Gesellschaft. Finde heraus, wer du eigentlich bist, wie dieses Universum funktioniert und was du für dich für wahr und möglich halten willst.

Was ist Realität?

Wie Realität entsteht, weißt du bereits: Sie ist das Produkt deiner Gedanken, Überzeugungen (chronische Gedanken) sowie der daraus resultierenden Entscheidungen. Deine Realität mag so aussehen, dass du einen blauen Lieferwagen in der Garage stehen hast und jeden Morgen um sieben aufstehst, um mit ihm zur Arbeit zu fahren. Diese Realität ist für dich relevant, für mich zum Beispiel nicht, außer, unsere Realitäten überschneiden sich irgendwann, und du holst mich eventuell vom Bahnhof ab. Dann erst wird deine Realität für mich oder jemand anderen relevant. Auf der kollektiven Ebene haben wir uns auf verschiedene Dinge geeinigt, wie zum Beispiel, dass in Wien ein großes Opernhaus steht. Das ist real, sagen wir dann. Das steht da, und unzählige Menschen haben sich davon bereits überzeugt und so unsere Realität bestätigt. In Wahrheit sind es individuelle Realitäten, die sich überlappen, und so halten genügend Menschen das Opernhaus für real – man ist übereingekommen, man teilt diese (kollektive) Realität.

Ich will nicht zu philosophisch werden, aber einen kurzen gedanklichen Ausflug möchte ich mit dir dennoch machen. Mal angenommen, du hast das Opernhaus in Wien noch nie gesehen, außer vielleicht auf Bildern oder in Filmen – wie kannst du da sicher sein, dass es existiert? Dass es in dem Moment existiert, wo es nicht beobachtet wird? Wenn dir jemand erzählt, dass das Opernhaus sehr wohl existiert, dann bist du darauf angewiesen, demjenigen Glauben zu schenken, oder auch nicht. Und wie ist das mit Beweisen? Er könnte dir Fotos von sich mit dem Opernhaus im Hintergrund zeigen. Aber es ist nur ein Bild, es ist nicht das »echte« Opernhaus, das du gerade auf dem Foto siehst. Es ist ein Abbild davon, und es bezieht sich auf etwas Vergangenes.

Wie kannst du also sicher sein, dass irgendetwas existiert, wenn du nicht gerade da bist, um es zu bezeugen? Es könnte auch sein, dass es nicht existiert und erst durch die Beobachtung oder durch deine Erinnerung daran real wird. Wer sagt mir, dass mein Auto gerade in der Garage steht? Ich könnte nachschauen, um mich davon zu überzeugen. Darüber hinaus habe ich gar keine Wahl, als zu glauben (oder zu hoffen), dass es noch dort steht. Es ist wie mit dem berühmten Beispiel von Schrödingers[2] Katze, die in einer Kiste steckt. Die Kiste ist zu, die Katze ruhig. Wie soll man nun wissen, ob die Katze lebt oder tot ist, ohne nachzusehen? Woran machen wir das fest? An unserer Hoffnung? An der Wahrscheinlichkeit, weil sie doch gerade, als sie in die Kiste gesteckt wurde, noch lebte? Mit Sicherheit und ohne nachzusehen, kann das niemand sagen. Die Katze ist von diesem Standpunkt aus tot UND lebendig – und alles dazwischen. Theoretisch könnte sich auch ein Wurmloch in der Kiste befinden, und die Katze fängt eigentlich gerade grüne Mäuse in einer anderen Dimension. Ich finde solche Gedankengänge spannend, denn es macht uns etwas offener für das, was wir für die Realität halten und was wir gegebenenfalls sogar als solche verteidigen.

Eigentlich ist das mit der Realität sogar noch etwas kurioser. Hast du schon einmal darüber nachgedacht, dass es in deinem Gehirn zappenduster ist? Keine Sorge, in meinem auch. Es ist schlicht dunkel im Gehirn. Da scheint kein Licht, physisch gesehen. Trotzdem können wir – vorausgesetzt unser Sehvermögen ist intakt – Licht

---

2 Erwin Rudolf Josef Alexander Schrödinger († 4. Januar 1961) war ein österreichischer Physiker und Wissenschaftstheoretiker. Bei Schrödingers Katze handelt es sich um ein von ihm 1935 entwickeltes Gedankenexperiment.

wahrnehmen. Denn was wir sehen, ist nicht »das Licht«, sondern es ist Information in Form von Wellen, die das Sinnesorgan Auge als Licht decodiert. Berührungen sind (elektrische) Reize, die das Sinnesorgan Haut als Berührung decodiert. Wenn diese Dekodierung gestört ist, zum Beispiel durch Narkose, dann ist da keine Berührung. Der Mensch wird vielleicht berührt, für ihn selbst aber ist die Berührung dann nicht existent, weil er sie nicht decodieren kann. Der Informationsfluss vom Sinnesorgan zum Gehirn – wo die Realität entsteht – ist gestört. Spannend, oder? Ich hatte einmal einen argen Schnupfen und habe danach wochenlang nicht das Mindeste riechen können. Die Gerüche waren da, aber meine »Informationsleitung« war unterbrochen.

Wie können wir also definieren, was real ist? Wieder einmal müssen wir festlegen, was für uns ganz persönlich real ist. Genauso wenig, wie es die eine Wahrheit gibt, gibt es die eine Realität. Wir kreieren wortwörtlich die Realität in unserem Kopf – durch unsere individuelle Wahrnehmung und das, was wir an Glauben aus zweiter und dritter Hand usw. übernehmen.

Na, hat sich deine Idee von Realität schon etwas verändert? Es ist sehr wichtig, weder Wahrheit noch Realität als in Stein gemeißelt zu betrachten, wenn wir sie nach Wunsch modellieren wollen.

Ich habe noch ein Beispiel für dich, das deine Idee von »Realität« wahrscheinlich noch etwas mehr aufweichen wird: In einem Experiment haben Wissenschaftler kleine Kätzchen in einem isolierten Raum aufgezogen. Dieser Raum war besonders gestaltet. Die Katzen sahen nur horizontale Streifen, vertikale Linien gab es nicht. Nun weiß ja jedes Kind, dass es auch vertikale Streifen gibt, aber man konnte nachweisen, dass diese von den Katzen nicht wahrgenommen werden konnten. Sie wuchsen in einer Welt horizontaler

Linien auf – vertikale Linien, mit denen man sie in einem späteren Experiment konfrontierte, existierten für sie nicht.

Was bedeutet das für die Welt, in der du aufgewachsen bist? Was existiert, und was davon nehmen wir eventuell nicht wahr?

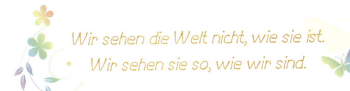

Wir sehen die Welt nicht, wie sie ist.
Wir sehen sie so, wie wir sind.

Nach diesen Ausführungen möchte ich dir noch einmal die Frage stellen: Was ist Realität? Und darauf noch eine weitere Antwort zu geben versuchen. Nach allem, was wir nun besprochen haben, weißt du, wie Realität und Wahrheit entstehen und wie flexibel beide sind. Man könnte sagen, Realität ist nichts weiter als die Vergangenheit. Wir beobachten all das, was wir als real bezeichnen, eigentlich die Ergebnisse von dem, was wir (individuell oder im Kollektiv) gedacht, besprochen und getan haben. Ein Haus zum Beispiel braucht zuerst die Idee, den Gedanken an es. Ein Architekt hat sich vielleicht sogar sehr viele Gedanken darüber gemacht, es geplant, dann mit dem Eigentümer Details besprochen, und dann ging es in die Bauphase, wo das Haus begann (die Gedanken begannen), Gestalt anzunehmen. Und da steht es dann – das Ergebnis vergangener Gedanken, Worte und Taten. Dasselbe gilt für alle Entscheidungen, die du im Leben triffst: Deine Realität ist das Ergebnis deiner Gedanken (deiner Wahrheit) und dessen, was du draus gemacht hast, letztlich deiner (Lebens-)Entscheidungen, die diesem Gedanken, dieser Wahrheit entsprungen sind. Hättest du an dem einen oder anderen Punkt anders gedacht, würde sich deine Realität jetzt gerade vielleicht auf dramatische Weise von deiner jetzigen unterscheiden, mit hoher Wahrscheinlichkeit sogar. Doch mir geht es jetzt nicht um »Hätte, hätte, Fahrradkette«. Alles ist gut, so, wie es ist. Wir handeln immer nach unserer besten Option. Hättest du – zu egal welchem Zeitpunkt – auf der Grundlage deiner Informationen und deines Glaubens (Mindsets) anders handeln können, dann hättest du es doch getan. Lasse die Vergangenheit ruhen ... kümmern wir uns lieber um die Gegenwart – und die Zukunft.

Wenn wir in unserem Hier und Jetzt etwas verändern wollen, dann müssen wir uns in Erinnerung rufen, wie Realität entsteht: nämlich aus unseren Gedanken. Wo müssen wir also ansetzen, um die Realität in die gewünschte Richtung zu verändern? Richtig. Nicht die Gedanken, das Bewusstsein als primäre Ursache einzubeziehen und zu versuchen, die Ereignisse, Menschen und Umstände der Realität physisch kontrollieren zu wollen, ist, als würdest du morgens versuchen, den Spiegel zu schminken anstelle deines Gesichts. Die Realität ist nichts weiter als ein Hologramm, das deine ursächlichen (schöpferischen) Überzeugungen und Gedanken abbildet.

*Die Realität
ist der Spiegel der Vergangenheit.
Und jederzeit veränderbar,
indem wir uns entscheiden,
JETZT neue Gedanken und damit
Möglichkeiten zu wählen.*

Eine neue Sicht auf dich und dein Verhältnis zum Göttlichen

Liebe Göttin, schnall dich an, und lass mich dir ein paar Wahrheiten über dich erzählen. Einiges davon weißt du bereits, anderes ist dir vielleicht neu. Manches davon magst du abnicken, anderes scheint dir vielleicht zu weit hergeholt – im Moment noch. Woher ich so viel über dich weiß? Nun, was ich dir jetzt erzähle, ist für alle Seelen wahr. Auch für diejenigen, die sich in den Augen mancher völlig ungöttlich verhalten.

- Du bist ein unendlich geliebter Teil der Schöpfung.
- Du wirst bedingungslos geliebt – du kannst gar nichts falsch machen.
- Du bist Liebe – ob dir das bewusst ist oder nicht, ob du dich danach fühlst oder nicht.
- Ohne dich geht's nicht.
- Du bist eine ungeheuer mutige Seele, weil du dich in das Abenteuer Leben aufgemacht hast.
- Du kannst so stolz auf dich sein – was hast du schon alles erduldet und lächelst trotzdem noch!
- Du bist ein einzigartiger Ausdruck von AllemWasIst.
- Dein Leben ist die Möglichkeit, der Unendlichkeit deine ganz spezielle Sichtweise hinzuzufügen.
- Dieses Leben ist deine unbezahlbare Chance, DU selbst zu sein.
- Du bist eine Kämpfernatur (im positivsten Sinne), die nicht so schnell aufgibt.
- Du willst das Beste aus dir machen.

- Du hast alles verdient, was du dir wünschst. Ohne Einschränkung. Es gibt keinen Mangel. Mangel ist eine Illusion. Wie eigentlich alles, aber Mangel ist eine ganz besonders hartnäckige Illusion innerhalb aller Illusionen.
- Du bist daseinsberechtigt. Du magst dich von machen Menschen, vielleicht sogar von deinen Eltern nicht gewollt fühlen, aber aus kosmischer Sicht bist du so was von gewollt.
- Du bist die Schöpferin deiner Lebenserfahrung.
- Du bist mächtiger, als du denkst.
- Was du willst, will auch dich.
- Wir alle lieben uns auf universeller Ebene – auch wenn das auf menschlicher Ebene anders aussehen mag. Im Prinzip ist das Selbstliebe, denn wir alle sind eins.
- Du bist gekommen, um Erfahrungen zu machen.
- Du bist mehr als gut genug.
- Du bist wertvoll. Nichts kann deinen Wert schmälern, auch wenn du das vielleicht denkst.
- Du musst niemandem etwas beweisen. Dir nicht, deinen Eltern nicht, der Welt nicht.
- Es gibt nichts zu tun, außer, Erfahrungen zu machen. Du wählst sie aus. Es ist dein Leben.
- Es gibt kein »gut« oder »schlecht. Und niemand wird jemals über dich richten.
- Es gibt keinen Himmel und keine Hölle im Jenseits – sie existieren bereits im Hier und Jetzt, je nachdem wie du dich fühlst. Du kannst beides in diesem Moment erschaffen. Mit jedem neuen Gedanken.
- Du allein bist verantwortlich für dein Glück.
- Du bist nicht verantwortlich für das Glück anderer. Auch wenn viele das gern hätten.
- Dein Glück ist das größte Geschenk an die Welt.
- Du darfst glücklich sein.

- Alles ist mit allem verbunden – alles ist eins.
- Das Streben nach Glück ist dein angeborenes, unveräußerliches Recht.
- Du kannst nicht »deine Seele verkaufen«. Diese ist ebenfalls unveräußerlich.
- Du bist die Schöpferin und die Schöpfung.
- Du hast Liebe verdient. Und Reichtum sowie wunderschöne Erfahrungen, liebevolle Beziehungen zu deinen Mitmenschen, tolle Lebenspartnerschaften, beste Gesundheit, Freude und Glück. Du hast alle Arten von Segnungen verdient. Du hast das Leben verdient. Du bist das Leben.

Du hast all das verdient, und zwar nicht, weil du es dir verdienen musstest, sondern weil es dir geburtsrechtlich bereits zusteht. Weil du dies alles BIST – du bist die Liebe, die Freiheit, der Reichtum, die Fülle, die Ekstase, die Hoffnung, die Lebensfreude, die reine Gesundheit. Der ewige »Teil« von dir könnte nicht perfekter sein:

You. Are. Loved.

Du. Bist. Geliebt.

Dir steht alles Gute zu. Und um dies zu untermauern und deinen Glauben daran zu stärken, möchte ich mit dir kurz einen Ausflug in die Welt des »Theta-Healing« machen. Als Heilerin finde ich speziell an dieser Heilmethode spannend, dass sie ebenfalls auf der Tatsache beruht: Alles Wunderbare steht uns zu. So bitte ich bei der Arbeit nicht etwa darum, dass der Patient nun geheilt werden möge, sondern ich befehle die Heilung, oder milder ausgedrückt, ich ordne sie an. Dabei befehligen wir also direkt dem höchsten

Schöpfer – also im Grunde uns als Teil dieser Schöpfung –, die Heildeutung bzw. Heilung durchzuführen. Es ist wie der Abruf dessen, was uns naturgemäß zusteht, und die unerwünschte Realität oder die Krankheit ist der vorübergehend gestörte Zustand, in dem etwas energetisch in **Un**ordnung ist, was durch den entsprechenden Befehl in Ordnung gebracht werden kann. Natürlich kann eine Krankheit lehrreich sein und Einsichten vermitteln, aber unser natürlicher Zustand ist makellose Gesundheit.

Klingt es für dich komisch, dem Höchsten, dem Gott/der Göttin Befehle zu erteilen? Ich habe auch zunächst bei der Formulierung gezögert, andererseits passt es aber wunderbar in das Bild, in dem die Schöpfung ihre Kinder so sehr liebt, dass sie natürlich das Beste für sie wünscht. Und dem Wunsch (wie in diesem Beispiel nach Heil-Sein), wenn wir ihn ausdrücken, völlig selbstverständlich nachkommt. Eine Bitte würde ausdrücken, dass eine höhere Instanz entscheidet, ob sie uns diese Bitte gewährt, ob wir ihrer Gnade würdig sind. Eine Anordnung dagegen drückt aus, dass wir nur abrufen, was uns geburtsrechtlich sowieso zusteht. Spannend, oder? Wenn man es genau betrachtet, gibt es keinen Unterschied zwischen dir und der Schöpferin/dem Schöpfer, du befehligst quasi dich selbst auf der Schöpferebene.

*Be*you*tiful*

Die Nichtexistenz oder warum du dich vor dem Tod nicht fürchten musst

Wusstest du, dass laut Statistik die schlimmste Angst des Menschen die vor dem Tod ist? Nicht einmal die vor dem Sterben, was ja eventuell mit unerfreulichen Begleitumständen verbunden sein könnte. Nein, es ist die Angst vor dem Tod. Die Angst vor der Ungewissheit, vor dem, was »danach« kommt. Damit du dieses Leben angstfrei genießen kannst, möchte ich dir eine andere Sicht auf den Tod vorschlagen – oder auf die Existenz an sich. Der Tod ist ein Teil des Lebens, auch wenn viele von uns das nicht so recht anerkennen wollen und ihn fürchten wie der Teufel das Weihwasser. Auch wenn manche glauben, ewiges Leben sei durchaus möglich – ist es denn so erstrebenswert? Und würden wir ewig leben, würde es uns dann nicht doch irgendwann langweilen? Würden wir nicht vielleicht Lust haben, ein neues Leben auszuprobieren? Vielleicht das einer anderen Spezies auf einem anderen Planeten? Selbst die sogenannten Aufgestiegenen Meister, die angeblich nicht im herkömmlichen Sinne sterben, sondern ihren Körper verfeinstofflichen und ihn in dieser weniger dichten Form in die nächste Dimension »mitnehmen«, vollziehen eine Art Evolutionsprozess. Ich denke, wir sind immer im Wandel – Energie ist immer im Wandel –, und irgendwann ist einfach alles auf einer gewissen Ebene »abgegrast«. Der »Normalsterbliche« geht eben, wenn es für diese Inkarnation nichts mehr zu erleben gibt, bzw. wenn die Seele mit dieser Erfahrung fertig ist.

Was, wenn das Leben ein Traum ist,
und wenn wir sterben, wachen wir auf?

Vielleicht hilft es dir, zu verstehen, dass du in gewisser Hinsicht bereits tot bist: Aus Sicht der Unendlichkeit sind wir immer alles. Ich hatte dir ja versprochen, dass wir in diesem Buch etwas weitergehen – also auch über die Tatsache hinaus, dass du göttlich bist. Wir gehen sogar über die Tatsache hinaus, dass du überhaupt BIST. Das Bewusstsein, aus dem du stammst, aus dem du bestehst, aus dem alles und jeder besteht, ist bereits eine Art der Manifestation. Es existiert, es kann sich selbst reflektieren. Es kann sich seiner selbst bewusst werden – selbstbewusst werden. Doch was kommt nach dem Bewusstsein? What is beyond consciousness? Aus Sicht der Unendlichkeit existiert auch dieses Bewusstsein nicht. Es ist – und gleichzeitig ist es nicht. In dem Stadium nämlich, bevor es sich selbst reflektieren kann. Das, was nicht ist, also das Nichts, erlaubt dem Etwas, also dem Bewusstsein, erst zu sein.

Ein Beispiel: Du siehst ein Wohnzimmer. Darin Stühle, einen Tisch, Vorhänge ... All diese Dinge sind dort, sind in dem Raum enthalten. Aber der Raum, der »leere Raum« um sie herum, ermöglicht ihnen erst ihr Sein.

Das Nichts ermöglicht dem Etwas zu sein.

Tatsächlich entstammen wir diesem Nichts. Wir sind dieses Nichts. Wir sind auf diesem Level existent und gleichzeitig nichtexistent. Paradoxerweise kannst du also nicht sein, ohne nicht zu sein. Und doch ist es eben die größte Angst des Menschen, nicht zu sein, nicht zu existieren, weil uns der (gedankliche und erfahrungsgemäße) Level oft verborgen bleibt. Es ist nicht die Angst vor dem Tod. In

Wahrheit steckt dahinter die Angst vor der Nichtexistenz. Aber du kannst nicht nicht sein, eben weil du dieses Nichts bereits bist. Wir sprechen hier von der Unendlichkeit, vom unendlichen Sein und Nichtsein. Und in dieser Erkenntnis liegt ein großer Frieden, eine unendliche Freiheit. Wenn du erkennst, dass das Nichts in keiner Weise bedrohlich, sondern – aus der Sicht der Unendlichkeit – deine wahre Natur ist, dann kannst du die Angst davor loslassen.

Neulich erwiderte eine Klientin auf meine Frage, was passiere, wenn sie in der Meditation ins Göttliche übergeht und versucht, noch weiter zu gehen: »Da bekomme ich Angst.« Ich fragte sie: »Wovor?«, und sie antwortete: »Davor, mich in nichts aufzulösen.« Sie war in ihrer Meditation bis zu diesem Punkt vorgedrungen und brach dann ab – wegen dieser Angst, sich aufzulösen, die nichts anderes als die Angst vor dem Tod ist. Wenn wir diesen Punkt überschreiten, es uns erlauben, uns im Nichts, in der Unendlichkeit aufzulösen, dann löst sich damit gleichzeitig die Angst vor dem Tod auf. Und noch einen anderen Nebeneffekt bringt diese Erfahrung mit sich: Wenn du es schaffst, das Leben und die Welt im Allgemeinen aus dieser Perspektive zu betrachten, dann wirst du feststellen, welch herrlich unwichtiges und dennoch wichtiges, aber spielerisches, chaotisches, dennoch perfekt orchestriertes Durcheinander alles im Leben doch ist. Alles erscheint in einem anderen, friedlicheren, umfassenderen Licht.

Nothing ever happened to nothing.

Nichts ist jemals nichts geschehen.

Du bist nichts, in dieser »Stufe« des Daseins. Deshalb kann dir auch nichts geschehen. Deiner unendlichen Essenz kann nichts geschehen – deine wahre Natur ist unantastbar, unverletzlich und unvergänglich. Und du kannst auch niemandem etwas antun. Deshalb gibt es auch keine göttliche Definition von Scham, von Hass, von Groll, von Schuld ... Es gibt diese nicht. Das sind irdische Phänomene. Das Göttliche kennt sie nicht. Es spielt in seiner menschlichen Verkleidung damit, das mag sein. Aber ultimativ existieren diese »Dinge« nicht. Deshalb erlaube dir, über dein menschliches Dasein hinauszugehen, sogar über den göttlichen Level, und finde Frieden und Geborgenheit in der Tatsache, dass ultimativ nichts geschieht, dass du Teil der Unendlichkeit bist. Noch vor der Manifestation von Bewusstsein. Nichts ist, was du bist. Hab keine Angst, nicht zu sein.

Die »Hierarchie« ist also, wenn du es so nennen willst (natürlich ist alles Definitionssache und Wörter können ohnehin nur beschreiben, auf die Wahrheit hindeuten), folgende:

- Die Unendlichkeit, das Nichts.
- Sie ermöglicht dem Bewusstsein zu sein. Das Bewusstsein entspringt der Unendlichkeit.
- Das Bewusstsein ist der Stoff, aus dem das Universum und alles darin besteht. Auch das, was leerer Raum zu sein scheint, ist von Bewusstsein durchzogen – alles lebt. Und in diesem Universum bewegen wir uns, bestehend und schöpfend aus derselben »Substanz«, der Liebe, spielen unser menschliches Spielchen, erleben unsere Dramen und Triumphe – durch die Möglichkeit, uns von dieser Liebe abzuwenden, sie für eine Weile zu vergessen –, um sie wiederzuentdecken und in unserer menschlichen Form auszudrücken.

DEEPER INTO MYSTERIES

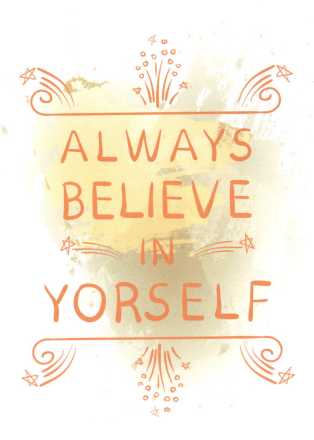

Wer oder was ist die Supergöttin?

Nach all dem Vorwissen, das wir nun erarbeitet haben, kommen wir jetzt zur alles entscheidenden Frage: Wer oder was ist die Supergöttin? Um diese Frage zu beantworten, wenden wir uns erst einmal der Frage zu, was eine Göttin ausmacht.

Was zeichnet eine Göttin aus?

Eine Göttin ist eine erwachte, (sich) selbst-bewusste Frau, die das Steuerrad ihres Lebens fest in der Hand hält. Sie ist achtsam, liebevoll sowie selbstreflektiert und erschafft die beste Version ihrer selbst im Innen und Außen. Dabei macht sie ihr Ding und lässt sich nichts vorschreiben – sie ist nicht egoistisch, aber gesund-egoistisch. Da besteht ein großer Unterschied. Sie weiß, dass alles eins ist, und fühlt die Verbindung zu allem und jedem. Trotzdem weiß sie, welche Rolle sie im Spiel des Lebens einnimmt, und bewahrt sich ihr individuelles Sein, das sie liebt und notfalls verteidigt. Jedoch identifiziert sie sich nicht mit ihrer Individualität, denn sie weiß, dass sie einen Ausdruck von AllemWasIst verkörpert – sie ist das Bewusstsein hinter der menschlichen Erscheinungsform.

*Eine Göttin ist eine Frau,
die zu ihrer Göttlichkeit erwacht ist,
die ihre Eigenverantwortung und damit
ihre schöpferische Macht auslebt.*

Eine Göttin erschafft sich durch die bewusste Wahl ihrer Gedanken und Gefühle das Leben, das ihr jetzt gerade am wünschenswertesten erscheint. Sie ist unwiderstehlich im Sinne von »widerstandslos« gegenüber all dem Guten, was der Kosmos so zu bieten hat. Sie schätzt alles wert, ist aber gleichzeitig frei von Anhaftungen. Sie ist ein freies, wildes, strahlendes, wunderschönes Wesen, das durch seine bloße Existenz die Welt zu einem lichtvollen, liebevollen Ort macht. Indem sie glücklich ist, öffnet sie anderen Tür und Tor, ebenfalls glücklich zu sein und das Leben ihrer Träume zu realisieren. Eine Göttin liebt bedingungslos und lädt dadurch andere ein, ganz sie selbst sein zu dürfen.

Und was ist nun die Supergöttin?

Die Supergöttin ist ein wundersames Wesen — sie ist alles, was du gern sein möchtest und hat alles, was du gern haben möchtest. Und sie tut alles, was du gern tun möchtest.

Sie fährt dein superschickes Auto, küsst deinen Traumprinzen, wohnt in deiner Villa, sieht sich die schönsten Orte der Welt an und erfreut sich bester Gesundheit und Lebensfreude. Sie schwimmt im Geld, tut das, was sie liebt und ihr Freude bereitet. Sie hat großartige, liebe Freunde und inspirierende Menschen in ihrem Leben, die sie lieben und unterstützen. Sie ist mit sich und der Welt im Reinen, und erleuchtet ist sie sowieso. Sie ist strahlend, liebenswert, wunderschön und großzügig, weil sie es sich leisten kann. Ihr Leben läuft einfach rund. Herausforderungen begegnet sie zuversichtlich, optimistisch und gelassen. Ihr Lachen ist ansteckend und unwiderstehlich. Es ist schlicht unmöglich, sie NICHT absolut hinreißend zu finden. Kurz: Sie führt das Leben deiner Träume.

Glaubst du nicht? Schon mal was von Quantenphysik gehört? Keine Sorge, ich werde dich jetzt nicht lange mit Formeln und grauer Theorie langweilen. Wir haben ja weiter oben schon sehr viel Theorie bearbeitet. Die Quantenphysik besagt, dass alles schon da ist – alle Möglichkeiten, die du dir in deinem hübschen Köpfchen ausmalen kannst, existieren bereits – in diesem Universum, hier und jetzt.

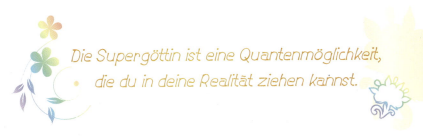

Die Supergöttin ist eine Quantenmöglichkeit, die du in deine Realität ziehen kannst.

… wenn du weißt, wie das geht und was dazu nötig ist. Dazu musst du keine Quantenphysikerin werden, sondern nur offen für neue Impulse sein. Die Supergöttin ist EINE Version deiner selbst, die in dieser Form bereits im unendlichen Feld der Möglichkeiten existiert. Immer, wenn du eine neue Entscheidung triffst, immer wenn du überhaupt etwas tust oder denkst, klinkst du dich in eine Quantenmöglichkeit ein. Davon bekommst du nichts mit, so ausgefuchst und wunderbar funktioniert das Universum. Das macht unsere Erfahrung hier überhaupt erst möglich. Mir ist wichtig, dass du einfach nur verstehst, dass ALLES möglich ist – und dass du dich für die Möglichkeiten öffnest.

Wenn du es dir vorstellen kannst, kannst du es erreichen.

Du kannst das Leben deiner Träume Realität werden lassen – du kannst zu DEINER Version der Supergöttin werden. Also, wie sieht deine Supergöttin aus? Was tut sie, wo wohnt sie? Mit wem ist sie zusammen? Hat sie Kinder oder nicht? Arbeitet sie oder ist sie Privatierin? Ist sie Hausfrau oder Firmenvorstand? Liebt sie Südseestrände oder Winterlandschaften? Wie ist sie so drauf? Ist sie eine coole Socke oder eine leidenschaftliche Kriegerin? Ist sie ein Star-Wars-Nerd oder eine Primaballerina – oder eine Mischung aus all dem? Verschaffe dir Klarheit darüber, wer du wärest, wenn es keine Grenzen dafür gäbe, wer du sein kannst. Auch nicht dafür, was du tust oder was du hast.

*Feel free to create –
it's your nature, Goddess!*

*Fühle dich frei zu erschaffen, Göttin,
es entspricht deiner Natur!*

Um deine Version der Supergöttin zu LEBEN, empfehle ich dir, zunächst ein ganz klares Bild von ihr zu gewinnen – im Innen und im Außen. Freunde dich mit ihr an, verbinde dich mit der Version deiner selbst. Halte Zwiesprache mit ihr. Frage sie nach ihren Vorlieben, Wünschen, Träumen und Beweggründen. Lerne sie so gut kennen, wie du niemanden sonst kennst. Verliebe dich in sie, und werde durch diese Liebe zu ihr.

RealityObserverSyndrome –
Das Realitäts-Beobachter-Syndrom:
die schlimmste Krankheit

Was wäre das Leben ohne Herausforderungen? Aus meiner Sicht ist eine der größten Herausforderungen, vor denen wir als menschliche Göttinnen und Götter auf dem Weg zur Supergöttin stehen können, das RealityObserverSyndrome (ROS). Das ROS ist in meinen Augen sogar mehr als das – ich bezeichne es als »schlimme Krankheit«, doch vielmehr ist es eine Störung, die uns lange Zeit zum Vergessen gedient hat. Wir sind als Menschheit, als Kollektiv betrachtet, darauf konditioniert (worden), die Realität so hinzunehmen, wie sie uns erscheint. Dadurch verfestigen wir sie. Die richtigere Herangehensweise an die Realität wäre, sie als Manifestationsergebnis der Vergangenheit zu betrachten und sie als so flexibel anzusehen, dass sie JETZT veränderbar wird. Dafür müssen wir zunächst aufhören, die Realität als heiligen Gral zu betrachten, nach dem wir uns ausrichten. Wir sollten mehr in der Vision leben – in unserer individuellen Vision –, die wir uns als schönste für uns selbst und für die Welt ausmalen können. Wir erschaffen unser Leben in jedem einzelnen Moment neu – und wir dürfen lernen, dies bewusst zu tun. Wenn du das Leben deiner Träume führen möchtest, dann musst du lernen, in der Vision zu leben. Es heißt nicht umsonst, das Universum sei einige riesige Kopiermaschine, und du sähest in deinem Leben das verwirklicht, was du mit deinen Gedanken und den daran gekoppelten Gefühlen (als Energie) auf den Kopierer legst. Höre auf, die Realität auf den Kopierer zu legen, und fang an, die Vision aufzulegen!

Wir müssen das ROS loswerden, um das volle Potenzial unserer Schöpferkraft zu entfalten. Wir müssen aufhören, uns wie die Opfer unserer eigenen und der Realitäten der »Welt« (welche genau genommen ebenfalls unsere eigenen sind, darauf gehe ich später noch ein) zu fühlen und zu verhalten. Erkenne deine Macht, und gestalte dein Leben aktiv! Wenn du willst, dass sich etwas ändert, dann musst du mehr Energie in das Erschaffen des Neuen fließen lassen als in die beständige Bestätigung dessen, was eh schon da ist. Wenn wir nämlich diese uralte Konditionierung, dieses Programm der Matrix durchbrechen können, dann gibt es wahrlich keine Grenzen für unser individuelles Glück und keine Grenzen für das Erschaffen des Paradieses auf Erden. Also, liebste Supergöttin: Richte deine Energie, deine Aufmerksamkeit auf deine Träume, deine Visionen – lebe sie, als seien sie bereits real, denn nur, was du JETZT ausstrahlst, zählt. Mache dir das immer wieder klar: JETZT, JETZT, JETZT ist, was zählt. Beschäftige dich mit der Realität nur in dem Maße, in dem du ihr Aufmerksamkeit zukommen lassen »musst«. Es mag wahr sein, dass du Dinge erledigen musst wie die Steuererklärung, den Einkauf, Rechnungen bezahlen, den Wasserhahn reparieren lassen. Doch je eher du diese Dinge erledigst, desto eher kannst du dich wieder deinen Visionen widmen.

Wie du Gefühle erschaffst

Wir werden später auf die einzelnen Lebensbereiche und die dazugehörigen Gefühle eingehen. Denn deine Absicht, dein Fokus in Kombination mit der passenden Emotion ist das, was deine gewünschte Realität erschafft – das ist das unglaublich tolle Geschenk der menschlichen Gefühle.

Viele Gefühle, die dir dabei helfen können, sind dir bereits zu eigen. Folgendes kannst du tun, um sie bewusst auf den Plan zu rufen und die gewünschte Realität zu kreieren:

Sagen wir, du möchtest das Gefühl von Freude hervorrufen. Dazu kannst du dich zum Beispiel an das letzte Ereignis erinnern, das dieses Gefühl in dir ausgelöst hat. Vielleicht war das ein nettes Kompliment, ein Erfolgserlebnis im Job, das Lachen eines Kindes ... Es gibt viele Auslöser. Natürlich gilt auch Vorfreude auf den nächsten Urlaub – was immer dir hilft, dieses bereits erlebte Gefühl in dir hervorzurufen, tue das. Rufe es hervor, um mehr davon zu erschaffen.

Nun gibt es aber vielleicht auch das eine oder andere Gefühl, zu dem du keine Referenz hast. Erfahrungsgemäß ist das Gefühl von Vertrauen oder Urvertrauen so ein Kandidat, weil viele Menschen durch ihre Konditionierung und im Verlauf ihres Lebens keine Erfahrung gemacht haben, die dieses Gefühls ausgelöst hätte. Wie kannst du neue, bisher unbekannte Gefühle also trotzdem kreieren?

Nun, grundsätzlich ist es so – und darauf möchte ich gerne wiederholt hinweisen, weil es so wichtig ist –, dass die Abkürzung zu allem, was du wollen könntest im Innen und Außen, einfach »gute Gefühle« sind. Mit guten Gefühlen bist du per se auf der Empfangsfrequenz von allem Guten, und wenn du diese aufrechterhalten kannst, auch ohne ganz spezifische Gefühle aufzurufen, wenn du einfach pauschal glücklich sein kannst, dann hast du eh bereits den Schlüssel in der Hand.

Trotzdem – und damit du die Möglichkeit hast, das volle Spektrum der Gefühle zu erfahren – habe ich hier vier Vorschläge für dich, wie du das Problem der eventuell fehlenden Gefühle für dich lösen kannst:

Nutze deine Empathie.

Die Fähigkeit, uns in andere hineinzuversetzen, ist uns Menschen angeboren. Dennoch kann es sein, dass sie unterschiedlich ausgeprägt ist – von ausgesprochen stark bis grottenschlecht ist alles möglich. Wenn du aber eine ganz gut ausgeprägte Empathie hast, dann kannst du dir Menschen suchen, in die du dich einfühlen kannst, um ein ganz spezielles Gefühl zu extrahieren. Sagen wir, du möchtest dich reich fühlen. Dann kannst du dir zum Beispiel einen Film ansehen, in dem es um reiche Menschen geht oder dir Dokus über Reiche ansehen. Dann studiere sie. Studiere, was sie sagen, welche innere Haltung sie haben, mit welcher Selbstverständlichkeit sie an gewisse Dinge herangehen. Studiere ihre Attitude, und mache sie dir zu eigen. Sei dir dabei bewusst, dass du nicht die ganze Persönlichkeit dieses »Avatars« übernehmen musst – du darfst und solltest dich auf den von dir gewünschten Aspekt konzentrieren. Vielleicht hast du reiche Freunde, die du zu eben diesem Aspekt befragen kannst: Wie fühlt es sich an, reich zu sein? Wie trifft jemand, der im Überfluss lebt, Entscheidungen? Worüber macht er sich Gedanken und worüber nicht? Eine kleine Anekdote hierzu, nur um dir ein Gefühl dafür zu geben, wie Reiche ticken (können): Da war dieser Mann. Im Urlaub. Auf einer gecharterten Yacht vor Monaco. Mietpreis pro Woche: ca. eine Million Euro, mit Personal und allem Drum und Dran. Ursprünglich kam er aus Kalifornien, und dort muss es wohl eine sagenhaft leckere Butter gegeben haben, die er auf dem Boot sehr vermisste. Also schickte er kurzerhand seinen Piloten los: Mit dem Helikopter zum Privatjet, mit dem Privatjet nach Kalifornien, Butter kaufen und auf demselben Weg wieder zurück. Für Butter! Einfach, weil er es konnte! Es geht mir hier nicht um die Bewertung der Geschichte an sich, und es geht mir nicht darum, wie falsch, richtig oder umweltfreundlich dieses Verhalten ist, sondern schlicht darum, wie wohlhabende Menschen unter Umständen denken und Entscheidungen treffen.

Dieses Pfund Butter − von dem ich hoffe, er hat gleich mehrere einfliegen lassen − kostete ihn mit Sicherheit einen mindestens fünfstelligen Betrag (Treibstoff, Gehalt des Piloten, sonstige Spesen, Betriebskosten von Heli und Jet und natürlich die Butter selbst). So jemand wird kaum im Supermarkt stehen und nachschauen, welche Butter gerade im Angebot ist − sehr wahrscheinlich hat er schon lange keinen Supermarkt mehr von innen gesehen, weil Angestellte für ihn einkaufen. Was ich also sagen will: Denke und träume größer!

Downloade das Gefühl.

Im Universum ist alles vorhanden − auch die Version von dir, die über all die Gefühle und Erfahrungen verfügt, die du brauchst. Du kannst dich zum Beispiel per Meditation in das entsprechende Gefühl einklinken (lassen). Meditiere zum Beispiel über das Wort »Glückseligkeit«, und schau, was in dir geschieht. Du kannst auch einfach mit dem Kosmos sprechen und anordnen: »Zeig mir das Gefühl von Glückseligkeit« oder »Ich erschaffe jetzt Glückseligkeit in mir«.

Lass die Schauspielerin in dir raus!

Schau − wenn ich dich frage: Wie sehr willst du das Leben deiner Träume? Wie sehr wünschst du dir Erfüllung in diesem Leben?

Wie wichtig ist es dir? Wenn du darauf nur mit Zögern antworten kannst, dann ist deine Vision nicht groß genug. Sie sollte dich richtig begeistern, und du solltest bereit sein, auf einem positiven Level (der dir und anderen keinen Schaden zufügt) einfach alles dafür zu tun. Du weißt, ich spreche hier in erster Linie auf energetischer Ebene zu dir – also, was bist du bereit, dafür zu tun? Stell dir vor, du seiest Schauspielerin, und dein Leben hinge von deiner Rolle in »Die Supergöttin« ab. Tja, so drastisch ist das wirklich – dein Leben, deine Lebensqualität hängt ultimativ davon ab, was du bereit bist, energetisch zu geben, zu verändern. Also, willst du es? Brennst du dafür? Dann tu, was jede erfolgreiche Schauspielerin macht:

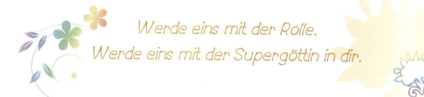

Werde eins mit der Rolle.
Werde eins mit der Supergöttin in dir.

Suche dir Beispiele, und lerne von ihnen. Denke dir selbst etwas aus, was dir hilft, die diversen Gefühle zu erschaffen. Werde kreativ. Ruhe nicht, bevor es dir gelungen ist, und dann gib einfach alles, was du hast.

Lass dir helfen.

Was du noch tun kannst auf dem Weg zur Vervollständigung deiner Gefühlspalette? Such dir jemanden, der anderen professionell dabei hilft. Angenommen, dich fuchst etwas schon sehr lange, und du hast schon alles getan, um an zum Beispiel das Gefühl von Einheit und Verbundenheit zu kommen, dann finde jemanden, der oder die dir hilft, es hervorzurufen. Sehr wahrscheinlich wird dieser

Mensch dann als Katalysator dienen, um das Gefühl erfahrbar zu machen, bzw. er wird Blockaden lösen, die dem eventuell noch im Weg stehen bzw. dir zeigen, wie du dies selbst tun kannst. Das kann ein Heiler/eine Heilerin sein, ein Schamane/eine Schamanin oder auch Menschen, die unter der Bezeichnung »Gurus« laufen. Wenn jemand sehr bewusst oder voll bewusst ist, kann allein die Anwesenheit dieser Person dein Bewusstsein erweitern und »fehlende« Gefühle sowie Erkenntnisse in dir hervorrufen (helfen). Auch wenn ich gerne sage: Be your own guru! Also, sei dein eigener Guru, so haben Letztere aufgrund des eben beschriebenen Effekts doch ihre Daseinsberechtigung. Wir müssen nicht alles alleine machen. Du brauchst ja kein Abziehbild der Person zu werden, von der du dich inspirieren lässt, und du musst nicht alles ungefragt übernehmen, aber du kannst dir auf deiner Reise helfen lassen.

Wie gesagt: Fühle dich einfach so gut, wie du nur kannst, und das, so oft du nur kannst, und du bist auf dem besten Weg zur Supergöttin.

Fake it till you make it!

Dieser Satz bedeutet: Tu so lange so, bis es Realität ist. Das ist also – du hast das sicher schon verinnerlicht – der Dreh- und Angelpunkt dieses Buches. Da deine Ausstrahlung vom Kosmos immer in JETZT-Zeit gemessen wird, ist nur von Bedeutung, was du jetzt gerade aussendest, um entsprechende Manifestationen zu erzielen. Deine Ausstrahlung bzw. deine Stimmung ist dein Manifestationsbarometer. Was du jetzt ausstrahlst, davon bekommst du auch künftig mehr. Noch mal: Den Kosmos interessieren weder deine Vergangenheit noch deine Zukunft. Deshalb erarbeite dir eines deiner besten Werkzeuge zum bewussten Erschaffen: deine Sensibilität für dein aktuelles Befinden. Denke dabei immer daran, dass deine positiven Gefühle hundert Mal stärker sind als deine negativen, und mache dich deshalb nicht verrückt.

Wie wir schon geklärt haben, kann das ROS dabei im Weg stehen, eine »saubere« Schwingung auszusenden, die das widerspiegelt, was du willst und nicht das, auf was die »Realität« dich konditionieren würde. Daher kann es nötig sein – und das ist es in der Tat häufig –, dass du dich mit dem »Fake-it-till-you-make-it-Spielchen« befassen musst – oder darfst, denn es macht riesigen Spaß, wenn man einige Regeln beachtet. Und wie funktioniert das nun? Bei »Fake it till you make it« geht es darum, eine Schwingung auszusenden, die der Schwingung entspricht, die du erleben willst und die nicht (unbedingt) deiner derzeitig erlebten Realität entspricht. Du rufst also bewusst die Gefühle auf, die eher zu deiner Vision als zur Realität passen. Dazu darf dir jedes Mittel Recht sein (außer, dir selbst oder anderen Schaden zuzufügen natürlich, aber eine Göttin würde dies ja ohnehin nicht tun).

Ein Beispiel: Nehmen wir an, du möchtest dir mehr finanzielle Freiheit schaffen. In der Realität kannst du finanziell vielleicht noch nicht so große Sprünge machen, wie du es gerne würdest. Eine Göttin lässt sich davon natürlich nicht beeindrucken. Schocken schon gar nicht. Sie bleibt cool und konsultiert die Supergöttin in sich. Die Situation könnte in dem Fall so aussehen: Da ist dieses todschicke Kleid, das du ganz hinreißend findest, aber das Preisschild zeigt dir deine (»realen«) Grenzen auf. DU würdest nun vielleicht denken: »Oha, wie schön es ist, es wäre traumhaft, es bei nächster Gelegenheit auszuführen ... Aber Mist, ich kann es mir nicht leisten!« STOPP! Was würde die Supergöttin dazu sagen? »Also, liebe Supergöttin, wie findest du dieses Kleid?« »Ganz zauberhaft, Darling! Ich werde es zu meinen neuen Schuhen tragen, wenn ich demnächst über das Parkett des Wiener Opernballs schwebe.« Du bemerkst sicher den Unterschied: Für die Supergöttin steht völlig außer Frage, ob sie es sich leisten kann oder nicht – sie hat es selbstverständlich gekauft und sieht sich in dem Kleid bereits den Walzer tanzen. Und darum geht es – alles aus der Sicht der Supergöttin zu betrachten und mit einer natürlichen Selbstverständlichkeit an ALLES heranzugehen, was dein Herz ersehnt. Finde Wege, spielerisch mit den scheinbaren Begrenzungen umzugehen. Du wirst statt des Gefühls der Unzulänglichkeit Erleichterung verspüren, vielleicht auch Freude, wenn du dir Supergöttinnen-Szenarien ausdenkst. Und jedes Mal, wenn du es schaffst, nicht die Realitäts-, sondern die Supergöttin-Schwingung auszusenden, dann hast du dich ihr ein weiteres Stück angenähert.

Noch ein Beispiel: Nehmen wir an, du möchtest dein Selbstbewusstsein etwas aufpolieren, besser zu deinen Überzeugungen stehen können und dir die Fähigkeit erarbeiten, auch mal deutlich »Nein« zu sagen. Ich glaube, wir haben alle schon einmal entgegen unserer Intuition gehandelt und dabei Dinge getan, über die wir uns später geärgert haben. Ich plaudere mal aus meinem ganz persönlichen Nähkästchen:

Zu der Zeit, als ich noch Autos verkauft habe, gab es den ein oder anderen Mann, der die Gelegenheit nutzen und zusätzlich zum Auto – oder auch stattdessen – die Verkäuferin abschleppen wollte. Eingebildet habe ich mir darauf nie etwas. Es ist für eine gewisse Art Mann einfach ein gefundenes Fressen, wenn da eine attraktive Frau am Schreibtisch sitzt, die nicht mal so eben weglaufen kann. Bei den meisten Männern konnte ich mich gut darin üben, Grenzen aufzuzeigen, und mich mehr oder weniger elegant herausreden. Bis eines Tages ein älterer Herr vor mir saß, der mich sehr an meinen Opa erinnerte. Er kaufte tatsächlich einen Wagen bei mir, und als er mich dann zum Essen einlud, war ich so überrumpelt, dass ich zusagte. Bei ihm war ich auf diese Frage einfach nicht gefasst gewesen. Außerdem dachte ich mir, dass er es allein wegen des großen Altersunterschieds korrekterweise als Arbeitsessen verstehen und es nicht als Date missinterpretieren würde.

Und so fand ich mich dann an dem vereinbarten Abend in seinem Auto wieder, und wir fuhren los. Ich stand Todesängste aus, denn seine Fahrkünste beruhten hauptsächlich darauf, dass die anderen Verkehrsteilnehmer Rücksicht auf ihn nahmen. Wie durch ein Wunder kamen wir unversehrt bei dem Tanzlokal (!) an. Schweißgebadet und mit zittrigen Händen ließ ich mir die Türen öffnen (ein Gentleman der alten Schule, muss man schon sagen) und konnte endlich durchatmen. Es war außerdem Totensonntag (ja, das Universum hat Humor), und ich weiß noch, als wäre es gestern gewesen, wie viel Erleichterung ich wegen des Tanzverbotes verspürt hatte! Die Tanzgefahr war also gebannt – doch leider war auch die Küche etwas spärlich besetzt und die Speisekarte sehr reduziert. Um nicht unhöflich zu sein und überhaupt nichts zu essen, bestellte ich Leberkäse mit Spiegelei. Damals lebte ich noch nicht vegan.

Heutzutage dreht sich mir schon bei der Erinnerung daran fast der Magen um. Aber sei's drum – wir mussten ja auch noch zurück. Tatsächlich schaffte ich es, den Abend mit Anstand durchzustehen, und er, mich am Ende des Abends wieder heil zu Hause abzusetzen.

So, und die Moral von der Geschicht'? Mein Unvermögen »Nein« zu sagen, um dem netten älteren Herren keine Abfuhr erteilen zu müssen, hat mich einen ganzen Abend meiner Zeit gekostet (keine Zeitverschwendung, nein, eher eine lehrreiche Erfahrung) und mich Todesängste ausstehen lassen. Was hätte die Supergöttin in mir getan, von der ich damals noch nicht den blassesten Schimmer hatte? Sie hätte sich über die Anfrage amüsiert, nicht auf herablassende, aber auf erfreute Weise und dann hätte sie ihm freundlich gesagt: »Ihr Angebot in allen Ehren, ich fühle mich mehr als geschmeichelt – aber ich gehe grundsätzlich nicht mit Kunden aus.« Dann hätte sie ihm nonchalant die Hand gegeben und besagten Abend mit einem Entspannungsbad und ihrem Lieblingsbuch verbracht. Für sie wäre es gar keine Frage gewesen, ob sie sich verbiegen sollte, um jemand anderem einen »Gefallen« zu tun – und mal abgesehen davon: Für den anderen ist es ja auch nicht schön, wenn wir uns nur mit ihm treffen, weil wir uns auf irgendeine Art verpflichtet fühlen. Deshalb sollten wir immer abwägen, aus welcher Intention heraus wir etwas tun wollen. Und wenn sich uns bei einem bestimmten Gedanken die Nackenhaare sträuben oder sich irgendwo Widerstand regt: lieber bleiben lassen. Dann sind wir ehrlich – den anderen und uns selbst gegenüber.

Achtung beim Umgang mit der »Fake-it-till-you-make-it-Taktik«

Sehr wichtig ist bei dieser Methode ein gewisses Feingefühl dafür, wo sich Realitäten überschneiden könnten. Du willst ja nicht mutwillig lügen, du willst Schwingungsmuster einüben.

Sagen wir, du wolltest schon immer Schriftstellerin werden, und du erzählst dem Unbekannten im Flieger neben dir, dass du leidenschaftlich gern Bücher schreibst und von deiner Tätigkeit im Überfluss leben kannst, nebenbei die Welt zu einem besseren Ort machst und jeden Tag aufstehst, um den neuen Tag mit Begeisterung und deinem schönsten Lächeln zu begrüßen. Dann wird diese Erzählung euch beiden zu einer guten Zeit verhelfen, ihr werdet euch wahrscheinlich nie wieder sehen – das heißt, eure Realitäten werden sich künftig nicht überschneiden – und du hattest Gelegenheit, die Schwingung deiner Vision zu üben.

Anders ist die Lage, wenn jemand auf den Wahrheitsgehalt deiner Worte und Taten angewiesen ist, etwa als Grundlage für spätere Entscheidungen. Angenommen du übst gerade die Schwingung von »Natürlich habe ich fünf Millionen Euro auf dem Girokonto, über die ich jederzeit nach Herzenslust verfügen kann, wie ich will!«, und du möchtest mit jemandem ein Geschäft aufbauen. Dann musst du dich natürlich nach den realen Zahlen auf deinem Konto richten, sonst bringst du dich und deinen Geschäftspartner eventuell ordentlich in Schwierigkeiten.

Du merkst, worauf ich hinaus will: Ja, denke, spreche und handle wie die Supergöttin, übe ihre Schwingung ein, bis du zu ihr geworden bist – solange du dabei keine »Überschneidungsrealitäten« gefährdest. Uns macht ja fast jeder sehr ausdauernd weis, wir sollten uns nach den Tatsachen richten und danach handeln, doch schwingungsmäßig kannst du denken und handeln, wie du willst. Übe also die entsprechende Schwingung am besten alleine ein, oder mit anderen, die wissen, worum es dabei geht, und ignoriere die Realität, wo du sie mit gutem Gewissen ignorieren kannst. Schenke ihr nicht zu viel deiner Aufmerksamkeit.

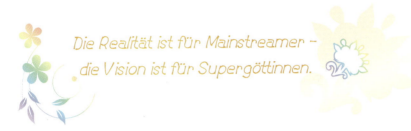

Die Realität ist für Mainstreamer – die Vision ist für Supergöttinnen.

Das Interview

Um dich der Supergöttin in dir anzunähern und ihre Vibrations einzuüben, bis der universale Kopierer die Vision statt der Realität ausspuckt, habe ich hier noch eine wirklich Laune machende Idee für dich: Das Interview mit der Supergöttin schlechthin. Du kannst das alleine vor dem Spiegel tun oder jemanden einbeziehen, der dir wohlgesonnen ist und versteht, was du damit bezweckst – alles andere führt eher zu Irritationen, glaub mir. Überlege dir Fragen, auf die du mit deiner Vision antworten kannst, auf die hin du dein neues Leben beschreiben kannst.

Etwa:
- Wie fühlt es sich an, den ganzen Tag tun zu können, was du willst?
- Wie ist es so mit diesem Traummann an deiner Seite?
- Wie fühlt es sich an, diese tollen Kinder zu haben?

- Wie ist es, auf diesem wundervollen Grundstück mit dem atemberaubenden Ausblick zu leben? Welche Länder der Welt hast du bereist, und was hast du noch so alles mit deinem Leben vor?
- Was war deine größte Vision, und wie war es dann für dich, als sie Wirklichkeit wurde?
- Wie lebt es sich so mit deinem schlanken, fitten Body?
- Wie fühlt es sich an, in deinem Privatjet durch die Luft zu jagen? Mit null Kohlendioxidausstoß.
- Wie ist es so, sich gesund und ausgeglichen zu fühlen?

Und dann male die Antworten aus, mache sie lebendig, schmücke sie aus, vor allem: Fühle dich ein. Sei diese Version von dir selbst. Es geht darum – du ahnst es –, das Gefühl so lebendig wie möglich zu machen – das Gefühl, das zu deiner Vision passt. Versetze dich in die Lage der Supergöttin: Was würde sie sagen? Was würde sie tun? Aus welchem Blickwinkel würde sie die Dinge sehen? Lasse deiner Fantasie freien Lauf. Nutze das volle Potenzial deiner Vorstellungskraft.

Das Ganze kannst du oder könnt ihr auch auf Video aufnehmen. Es ist sehr lustig, es sich direkt danach oder auch erst nach einiger Zeit anzusehen. Und noch spannender ist es, dann einen Abgleich zu machen und zu schauen, was seitdem passiert ist und wie viel davon bereits in der Realität erfahrbar ist.

Definiere deine Grenzen und Ziele neu

Gerade erst habe ich einen Film gesehen, bei dem es in mir klick gemacht hat – und dieses »Klick!« möchte ich gerne mit dir teilen, weil es so ein schönes, anschauliches Beispiel dafür ist, was ich dir gerne vermitteln möchte. In der speziellen Szene ging es um einen älteren Herren, seines Zeichens Regisseur. Während er über seinen neuesten Film nachdachte – insbesondere eine Frauenrolle darin –, erschienen vor seinem geistigen Auge verschiedene Versionen dieser Rolle. Diese verschiedenen Verkörperungen standen bzw. lagen nun alle vor ihm auf einer Wiese und lieferten eine Kostprobe ihrer Darbietung: Von der dominant angehauchten Powerfrau bis hin zum futuristischen Alien-Weibchen war alles vertreten.

Die Dame, um die es mir hier geht, lag aufgehübscht im Sixties-Style auf einer gemusterten Decke, ihr Bikini war aus demselben Stoff. Außerdem trug sie eine schicke Sonnenbrille. Alles an ihr war einfach sehr auf Jetset getrimmt. Während sie den Betrachter etwas provokant über den Rand ihrer Brille hinweg anschaute, sagte sie (sinngemäß): »Honey, es ist dir vielleicht nicht klar, aber ich setze meinen Fuß auf keine Yacht unter 50 Metern.« BAM! Zunächst fand ich diese Haltung arrogant und musste etwas peinlich berührt lachen, aber nach einer Weile wurde mir klar, dass mich etwas an ihr faszinierte: Sie hatte klare Vorstellungen, klare Grenzen. Sie hatte für sich festgelegt, was für sie ging und was nicht. Nach dem Motto: Ab diesem Punkt bin ich mit an Bord, also hier im wörtlichen Sinne, was man natürlich auf einfach alles übertragen kann. Und so solltest du an die Supergöttin in dir herangehen. Was geht, und was geht nicht? Etwa wenn es um Respekt geht. Bis wohin bist du bereit, dir Dinge gefallen zu lassen, und was ist das Mindeste, was du in Sachen Respekt von deinen Mitmenschen erwartest? Wo ist die Grenze? Wo liegen deine »50 Meter Mindestanforderung«, ohne die du bei gewissen Unternehmungen, Unterhaltungen, Gedankengängen oder Umständen aussteigst oder an denen du erst gar nicht teilnimmst? Eines kann ich dir versichern: Die Supergöttin in dir sieht vieles anders als du. Und du tust dir einen großen Gefallen, wenn du ihr entgegenkommst.

Mein Lieblingsbeispiel dazu ist Respekt in der Partnerschaft. Natürlich lebt eine Partnerschaft immer vom Geben und Nehmen, schon klar, oft ist es aber eben auch der Respekt vor uns selbst, der andere zu gewissen Verhaltensmustern einlädt und den wir erst »aufpolieren« müssen – wir können nur insofern respektvoll behandelt werden, wie wir denken, es zu verdienen, wir es zulassen und wir selbst bereit sind, Respekt zu geben. Wo fängt es an, und wo hört es auf?

Ich hatte einmal eine Liaison, und das Einzige, worauf ich mich bei diesem Mann verlassen konnte, war, dass auf ihn kein Verlass war. So versetzte er mich ein ums andere Mal. Wenn wir verabredet waren, kam er entweder gar nicht oder zu spät, und meistens sagte er nicht einmal Bescheid. Das waren keine Ausnahmen, sondern es geschah mit schöner Regelmäßigkeit. Bis sich die Supergöttin in mir meldete und meinte, so ginge das nicht. Und zwar so gar nicht. Daraufhin machte ich ihm klar, dass ich sein Verhalten als ausgesprochen respektlos empfand. Als das nichts nützte – außer einer Selbstwertsteigerung durch die Artikulation meiner neuen Haltung –, öffnete ich einfach die Tür nicht mehr, wenn er auch nur fünf Minuten zu spät war. Das zog ich konsequent durch, und es dauerte nicht lange, da wurde er (zumindest in Hinsicht auf die Pünktlichkeit) zum zuverlässigsten Menschen überhaupt – ich konnte die Uhr nach ihm stellen. Was ich also sagen will: Wie viel lässt du dir gefallen, wo ist deine Grenze, und ab welchem Punkt verdeutlichst du sie? Was würde die Supergöttin in dir dazu sagen? Hast du so etwas nötig? Reflektiere einmal für dich selbst alle Lebensbereiche, in denen es in dieser Hinsicht noch Anpassungsbedarf gibt, und du wirst sehen, wie sehr sich dein Leben und dein Selbstwert allein durch diese Erkenntnis zum Besseren wenden.

Dasselbe gilt auch für deine Träume, Wünsche und Ziele: Wäre die Supergöttin mit dem zufrieden, womit du dich zufriedengibst, oder geht sie vielleicht davon aus, dass ihr mehr zusteht – mehr Gesundheit, mehr Liebe, mehr Lachen, mehr Fülle ...? Selbstverständlich solltest du dich nicht unter Druck setzen: Du bist bereits ein vollkommenes Wesen und brauchst eigentlich gar nichts. Trotzdem kann es Spaß machen, das ein oder andere zu erschaffen und zu erfahren. Geh also ganz unbedarft an das Thema heran, und frage einmal die beste Version von dir selbst, wie sie sich das Leben so vorstellt, was sie so den ganzen Tag treibt und wie sie die Dinge sieht. Sie hat dir garantiert Spannendes zu berichten!

Arbeite an deiner göttlichen Haltung

Hier beziehe ich mich mal ausnahmsweise auf die Körperhaltung, wenngleich die innere Haltung mindestens genauso wichtig ist. Das eine beeinflusst ohnehin das andere, und je nachdem, wie es dir gerade geht, fällt es dir eventuell leichter, eher am einen als am anderen zu feilen.

Ein Experiment: Stelle dich einmal vor den Spiegel – die Schultern hängend, die Arme schlaff am Körper herunterbaumelnd, die Mundwinkel hängen nach unten, der Blick ist leer und ausdruckslos, so eine richtig depressive Opferhaltung. Achte darauf, wie du dich fühlst.

Jetzt nimm eine andere Haltung an: Gerade hinstellen, Brust raus, Bauch rein, Schultern zurück, die Arme nach oben und ein breites Lächeln ins Gesicht zaubern – so eine richtig begeisterte Siegerpose. Naaa? Wie fühlt sich DAS jetzt an? Ich wette schon um Längen besser. Und du hast dazu nicht einmal deine Gedanken geändert, sondern nur deine äußere Haltung.

Gerade heute habe ich noch mit einer Freundin darüber gesprochen, wie das Äußere das Innere beeinflussen kann. Generell fühlen wir uns doch besser, wenn wir auch mit unserer äußeren Erscheinung zufrieden sind. Meine Freundin zum Beispiel fühlt sich immer besonders gut, wenn sie frisch vom Friseur kommt. Dann hat sie mehr Lust, sich zu verabreden und auch Aufnahmen für ihren Video-Blog zu machen. Natürlich mag sie sich auch, wenn sie nicht gerade vom Friseur kommt, aber wenn es so leicht ist, das Wohlbefinden durch Äußerlichkeiten günstig zu beeinflussen – warum nicht? Wichtig ist nur, dass wir unseren Selbstwert nicht daran festmachen, wie wir aussehen. Es gibt generell keine Regel, die besagt, wie du als Göttin auszusehen hast (das legst du fest und niemand sonst). Alles, was ich sage, ist, du darfst und solltest alle dir zur Verfügung stehenden Mittel nutzen, um dich so gut wie möglich zu fühlen. Wenn du kein Schmink-Fan bist, okay. Wenn du aber einer bist, dann nutze dieses Mittel, um dich noch besser zu fühlen. Wenn du also einen nicht sooo guten Tag hast, dann zieh dir erst recht etwas Schönes an, putz dich ein bisschen heraus, und schon sieht die Welt ganz anders aus.

Das Außen und das Innen
beeinflussen sich gegenseitig.
Nutze diesen Mechanismus für dich.

Umgekehrt funktioniert dies natürlich auch. Selbst wenn ein Mensch nicht im klassischen Sinne schön ist, so ist er es doch, wenn die innere Schönheit die äußere Erscheinung überstrahlt. Wir nennen es dann Charisma und fühlen uns trotzdem zu diesen Personen hingezogen, obwohl es, lapidar ausgedrückt, »von der Optik her keinen Sinn zu machen scheint«. Charismatisch und dadurch attraktiv kann jeder Mensch sein – mit der entsprechenden inneren Haltung, die Optik ist zweitrangig. Sicher kennst du auch schöne Menschen, die innerlich eher, nun ja, weniger schön sind. Was ist diese rein äußerliche Schönheit dann wert? Die innere Schönheit, die durch jede Pore nach außen dringt, das innere Strahlen der positiven, wohlwollenden Gedanken sind die wirklich erstrebenswerte Schönheit, aus meiner Sicht. Man sieht dir an, was du denkst, was in dir vor sich geht. Schöne Gedanken – schöner Mensch.

Und auch ganz wichtig: Lächle. Erst recht, wenn dir überhaupt nicht nach Lächeln zumute ist. Wenn du es schaffst, trotzdem ein Lächeln aufzusetzen – auch wenn es zunächst künstlich ist –, dann werden durch einen Druckmechanismus auf einen bestimmten Muskel im Kiefer nach einer Minute tatsächlich Glückshormone ausgeschüttet, weil das Gehirn das Signal bekommt: Wir lächeln, wir sind happy! Und es reagiert entsprechend mit der Produktion von Botenstoffen, die das bestätigen. Spannend, dass das funktioniert, obwohl das Lächeln anfangs noch nicht echt ist – das fällt unter die Rubrik »Fake it till you make it«. Also lächle – ganz besonders dann, wenn es scheinbar nichts zu lächeln gibt.

Wie in jeder guten Story gibt es zum Superhelden immer einen Gegenspieler. Das eine bedingt das andere, und unser Leben in der Dualität macht da keine Ausnahme. Deine Karriere als Supergöttin wird also immer wieder herausgefordert von einem »Schurken«, den es zu überwältigen gilt. Es gibt da nämlich ein Wesen, das klammheimlich von dir Besitz ergriffen hat, das sich in deiner Kindheit und Jugend langsam und unbemerkt eingeschlichen hat. Es begleitet dich seither, ist immer bei dir und flüstert dir beständig begrenzende Dinge ins Ohr. Es erzählt dir von Minderwertigkeit und Mangel – davon, dass du nie gut genug bist und es auch nie sein wirst, ganz egal, was du tust. Es macht dir Vorwürfe, erzählt dir, was du zu tun und zu lassen hast. Sein Lieblingsthema und seine beste Waffe ist die Angst. Es spricht auch gern von der Schlechtigkeit in der Welt und davon, dass du ja sowieso nichts ändern kannst – weder in deinem eigenen Leben, noch in der Welt. Es hinterfragt die Komplimente, die du bekommst, und rechnet immer mit dem Schlimmsten. Es sorgt dafür, dass du dich sorgst, dass du im besten Falle die Last der ganzen Welt auf deinen Schultern spürst. Es hält dich klein, in einer Schwingung, die dich davon abhalten soll, zu erkennen, wie göttlich und wundervoll du in Wahrheit bist. Und das Fieseste an diesem Wesen ist: Wenn es all das schafft – dich klein zu halten, dir Minderwertigkeitsgefühle zu geben, dich ohnmächtig fühlen zu lassen –, dann hat es nicht nur (für diesen Moment oder auch über längeren Zeitraum) die Oberhand und regiert dich durch die Angst, sondern es nährt sich von dir, von deinen niederen Gefühlen. Sie tragen zu seinem Fortbestand bei. Ohne negative Gefühle würde dieses Wesen den sicheren Hungertod erleiden.

Die Seele
Das wahre Selbst

- Wir
- Einheit
- Verständnis
- Freundlichkeit
- Vergebung
- Liebe
- Dankbarkeit
- Mitfreude
- Glück
- Bescheidenheit
- Spiritualität
- Weisheit
- Frieden
- Sympathie
- Jetzt
- Toleranz
- Gemeingefühl
- Altruismus
- Selbstakzeptanz
- Soziale Akzeptanz

Vs.

Das Ego
Das falsche Selbst

- Ich
- Trennung
- Schuldzuweisung
- Feindseligkeit
- Missgunst
- Stolz
- Beschwerde
- Eifersucht
- Ärger
- Macht
- Materialismus
- Wahnsinn
- Krieg
- Gefühllosigkeit
- Vergangenheit/Zukunft
- Intoleranz
- Selbstsucht
- Egoismus
- Selbstverleugnung
- Soziale Intoleranz
- Sprunghaftigkeit

DER DÄMON IN DIR

Darf ich dir jemanden vorstellen?

Darf ich vorstellen? Er heißt Horst. Vollhorst. Sein Name ist Programm. Horst ist mein innerer Dämon, und wenn »man« die entsprechenden Knöpfe drückt, dann erwacht er, ist genervt, will recht haben, ist gern mal deprimiert oder aggressiv, ein andermal eifersüchtig, fühlt sich leicht auf den Schlips getreten und neigt dazu, einen runterzuziehen. Kennst du das auch? Ich verrate dir etwas, was du bereits weißt: Jeder hat seinen Vollhorst in sich. Vielleicht heißt er oder sie nur anders. Und das ist vollkommen in Ordnung. Unsere inneren Dämonen bestehen quasi aus unseren (kindheitlichen) Konditionierungen, unseren angesammelten, unbearbeiteten Schmerzen, unserem Ego. Sie bilden das falsche Selbst. Im Gegensatz zu deiner Seele, deinem göttlichen, wahren, Höheren Selbst.

Ich möchte dich einladen, deinem Dämon einen Namen zu geben, ihn zu personifizieren und dich mit ihm anzufreunden. Das macht die Sache zwischen euch etwas intimer, gleichzeitig gewinnst du Abstand und kannst in die Beobachterrolle schlüpfen. Denn es ist wichtig zu wissen:

Du bist nicht dein Dämon.

Du bist die Liebe, das Licht, das Mitgefühl … Doch verantwortlich bist du für deinen Dämon, so viel ist sicher. Deshalb solltest du nicht gegen ihn arbeiten, sondern vielmehr mit ihm. Frag dich, was ihn hervorlockt. Wann tut er Dinge, die du lieber ungeschehen machen

125

möchtest? Wann sagt er Sachen, die vielleicht besser ungesagt hätten bleiben sollen? Unsere Dämonen haben so ihre Trigger (Auslöser) und kommen dann mal stärker, mal schwächer zum Vorschein. Meistens sind wir mit etwas Abstand später verwirrt und unsere Reaktion tut uns leid – es fühlt sich an, als wärest das grade nicht du gewesen. Warst du auch nicht, sondern deine alten Konditionierungen, dein noch nicht losgelassener Schmerz, der da angetickt wurde.

Dein Dämon ist also in Wahrheit gar kein so übler Zeitgenosse, denn wenn du ihn beobachtest, kannst du herausfinden, wo noch Schattenanteile in dir sind, die angeschaut und erlöst werden wollen. So kannst du dich jedes Mal, wenn du aus deiner Mitte gerätst, Trauer, Wut, Schmerz und dergleichen empfindest, fragen, wo das herkommt. Oft löst sich die Ursache, der Trigger auf, wenn verstanden wurde, weshalb dein Dämon gerade hinter dem Gebüsch hervorgesprungen ist. Versuche also nicht, »schlechte Gefühle« zu unterdrücken, sondern schau hin, was sie dir sagen wollen. Es gilt der uralte Spruch:

Selbsterkenntnis ist der erste Schritt zur Besserung.

Ich habe zu Horst heute ein sehr viel besseres Verhältnis als früher. Es fühlt sich so an, als würde er schrumpfen. Und je kleiner er wird, desto besser verstehen wir uns. Inzwischen könnte man ihn eher als Schlumpf denn als Dämon bezeichnen – und selbst darüber kann er lachen. Und ja, ich stehe zu Horst. Dass du erleuchtet bist, heißt nämlich nicht, dass du deinen Dämon schon losgeworden bist. So kann es sein, dass du wieder und wieder von deinem Dämon in einen niedrigeren Bewusstseinszustand zurückgezogen wirst. Und du wirst lernen, dich durch Selbstbeobachtung und Selbstliebe immer wieder von seinem Einfluss zu befreien – bis dein wahres Selbst die Oberhand gewinnt. Einen Horst zu haben, ist also keine Schande. Es ist vielmehr so, dass er dir die Gelegenheit gibt, dein wahres Selbst zu erkennen und nach und nach freizulegen. Alles zu seiner Zeit, nimm dir so viel davon, wie du brauchst, um zu verstehen, wo dein Horst herkommt, was ihn erschaffen hat. Es ist ein Prozess. Und dein Dämon wird dir immer seltener in deine Lebensfreude und deine natürliche Schwingung der Liebe und Glückseligkeit reinpfuschen.

Liebe deinen Dämon dafür,
dass er dir zeigt, was noch in dir brodelt,
denn was du anschaust, das kannst du loslassen
ganz am Ende auch den Dämon selbst.

Bewusstsein ist auch hier der Schlüssel. Beobachte, was in dir passiert. Und statt gewohnheitsmäßig zu denken und zu handeln, wie Horst es dir eingeben würde, halte einen Moment inne, und überlege, was die Supergöttin, was dein wahres Selbst nun tun oder nicht tun, denken oder nicht denken, sagen oder nicht sagen würde.

90 Sekunden für die Freiheit

Eine sehr interessante Frau, Jill Bolte Taylor, hat herausgefunden, dass es nach dem Entstehen einer Emotion 90 Sekunden dauert, bis diese durch den Körper fließt und schließlich verebbt, wenn sie nicht zusätzlich befeuert wird. Mal angenommen, jemand sagt etwas, das dich stinkwütend macht. Wenn du nun so bewusst bleiben kannst, um dir klar darüber zu sein, dass es dein Dämon ist, der sich da auf die bestimmte Aussage dieser Person hin meldet, dann kannst du innehalten, diese 90 Sekunden abwarten und ohne jeden Widerstand beobachten, wie sich diese Emotion wieder auflöst. Worauf wir nämlich (unbewusst) oft hereinfallen, ist der Automatismus, der meist befeuert statt unterbrochen wird: Der wütend machende Auslöser geschieht. Und statt die Emotion wieder abebben zu lassen wie eine Welle, die sich aufbaut (Botenstoffausschüttung im Körper), um dann wieder auszulaufen, geben wir mehr und mehr Energie hinein – etwa, indem wir impulsiv reagieren und uns so schwingungsmäßig herunterziehen lassen. Die Wut ist da, und sobald du ihr Ausdruck verleihst – etwa, indem du zurückfeuerst, dich bei anderen über diese Unmöglichkeit beschwerst –, löst du Welle um Welle aus, bis du echt rauen Seegang in deinem Gefühlsmeer vermelden kannst. Diesen Mechanismus zu durchbrechen, dürfen wir lernen, wenn wir bewusst und in unserer Mitte bleiben wollen, egal, was um uns herum passiert – und natürlich, wenn wir uns das volle Potenzial unserer Schöpferkraft zurückerobern möchten. Vielleicht hilft dir ja diese 90-Sekunden-Erkenntnis dabei. Ich finde sie sehr befreiend. Seit ich davon gehört habe, setze ich sie immer öfter erfolgreich ein.

»Schlechte« Gefühle umwandeln – Göttinnenmagie

Was du noch tun kannst, um »schlechte« Gefühle in etwas Nützliches zu verwandeln, ist, sie einfach konstruktiv zu nutzen. Du hast sicher schon einmal bemerkt, wie viel Kraft Wut dir geben kann. Wenn du dich deprimiert fühlst, dann geht das sehr oft mit Lethargie einher. Dann hast du zu nichts Lust, die Welt erscheint grau und sinnlos. Aber wenn du darüber hinaus bist und die Schwingung von Wut erlebst, die etwas höher ist als die der Lethargie, dann werden enorme Kräfte frei. Wenn ich wütend bin, dann ist die Wohnung kurz darauf blitzeblank. Wie ein Feuer beispielsweise zur Wärmegewinnung genutzt werden kann, so nutze ich meine Wut, indem ich die Betten ordentlich ausschüttle, die Fenster endlich putze oder dem Staubsauger zeige, wer hier die Göttin im Haus ist. Wenn das Gefühl also eh schon da ist, dann sitze es entweder mit den 90 Sekunden aus, oder – wenn das nicht gelingt –, nutze es, indem du es in etwas Sinnstiftendes verwandelst. Wut ist Energie, angestaute Energie, die heraus will. Wenn sie das nicht kann, vergiftet sie dich innerlich. Manche Leute hauen auf einen Sandsack ein, gehen in den Wald und schreien die Bäume an – ich putze. Unsere Wut konstruktiv zu nutzen, statt sie an anderen Menschen auszulassen und mit ihnen zu teilen, ist der beste Weg überhaupt.

Natürlich solltest du es zur Sprache bringen, wenn du denkst, deine Wut zu Recht zu empfinden und dich RUHIG mit dem Verursacher auseinandersetzen. Damit dies möglich ist, lasse zuerst die akute Wut anders heraus. Der wahre Verursacher deiner Wut ist ohnehin immer in dir – was genau macht dich wütend? Welchen Knopf hat der andere (vielleicht sogar völlig unwissentlich) gedrückt? Wie gesagt, wenn dich ein Gefühl schon so eingenommen hat, dann muss es erst einmal raus, und wenn du bereits von deinem Dämon übernommen wurdest, dann ist es sehr, sehr wahrscheinlich, dass du mit deiner Reaktion den Dämon in der anderen Person aufweckst. Und ehe ihr es euch verseht, habt ihr eine prächtige Dämonenparty im Gange und seid allesamt in die Unbewusstheit abgedriftet, habt wertvolle Zeit »verloren« und Erfahrungen wie Streitereien gesammelt, die nicht nötig gewesen wären. Das kann im Nachgang natürlich auch eine lehrreiche Erfahrung sein, es geschieht ohnehin nichts umsonst, aber hier geht es ja darum, bewusst gute, zielführende Energien zu erzeugen. Dann sprechen bzw. streiten keine »wahren Selbste« miteinander, sondern es streiten sich die Dämonen der Beteiligten – dein göttlicher Wesenskern hat dann nicht mehr viel mitzureden. Die Dämonen wollen jeweils recht haben, den anderen wiederum ins Unrecht setzen, keiner will nachgeben, und das letzte Wort will man sowieso haben.

Je nachdem, wie schlimm die »Party« war, musst du danach wieder mit sehr viel Geduld aufräumen, an deiner hohen Schwingung arbeiten. Also, lass dich bestenfalls gar nicht auf die Begegnung mit anderen Dämonen ein. Wenn du deinen eigenen im Griff hast, können die anderen dir nichts. Halte ihn an der kurzen Leine. Du wirst erstaunt feststellen, wie viel friedlicher dein Leben verläuft, wenn du anderen nicht mehr erlaubst, deinen Horst hervorzulocken und deine Knöpfe zu drücken.

Man könnte es auch so ausdrücken:

Dein innerer Dämon ist dein Gegenspieler auf dem Weg zur Supergöttin.

Dabei geht es gar nicht darum, deinen Dämon auf Teufel komm raus loszuwerden, sondern dir erstens über seine Anwesenheit bewusst zu sein, damit du ihn zweitens kontrollieren kannst und er nicht umgekehrt dich kontrolliert. Du musst ihn nicht von heute auf morgen verhungern lassen, aber du kannst ihn schon mal auf Diät setzen. Ich habe auch schon vom Konzept des »gesunden Egos« gehört, das dir dient, indem es dich schützt – damit deine Rechte etwa nicht übergangen werden oder du dich traust, für deine Wahrheit einzustehen. Letztlich erlaubt es dir, dein Überleben zu sichern, indem du dir von anderen Egos nichts bzw. nicht zu viel wegnehmen lässt, indem du nicht übergangen oder übervorteilt wirst. Man kann es »gesundes Ego« nennen. Ich allerdings bevorzuge das Wort Selbstliebe. Selbstliebe sorgt dafür, dass du nicht zu kurz kommst. Selbstliebe hält dich am Leben, in der Fülle, im Frieden mit dir selbst und mit anderen.

Gesteuert werden die besagten automatisierten Reaktionen übrigens in dem Teil des Gehirns, der als Reptilienhirn bezeichnet wird. Anders als Reptilien oder Tiere im Allgemeinen haben wir Menschen jedoch die Möglichkeit, bewusst und nicht nur instinktiv Entscheidungen zu treffen. Und das ist es, was wir meiner Meinung nach stärker ausbauen dürfen: Überlegte Entscheidungen zu treffen und uns die Wahl zurückzuerobern, welche Gefühle wir erleben wollen und welche nicht. Wir sind nicht nur die Beobachter unserer Gefühle und somit ihre Opfer – wir sind die Erschaffer unserer Gefühle und haben somit die Macht über sie. Diese Macht, diese Verantwortung darfst du dir zu eigen machen, wenn dein Leben nicht länger ein Zufallsprodukt sein soll.

Gerade heute habe ich wieder ein sehr gutes Beispiel dafür am eigenen Leib erfahren. Es liefen eine Menge Kleinigkeiten schief. Zunächst wollte ich schon viel früher mit dem Schreiben beginnen, aber da waren noch einige Dinge, die zuerst erledigt werden mussten wie dringende E-Mails beispielsweise. Nach einigen weiteren Aufschüben lief zu allem Überfluss auch noch der Kater davon, und mein Schatz, der Heldenhafte, kam völlig zerkratzt zurück nach Hause, weil er unseren pelzigen Mitbewohner hinter der Hecke hervorzerren musste. Und der Kater, ganz und gar nicht amüsiert über den vorzeitigen Abbruch seines Ausflugs, versetzte ihm ebenfalls noch ein paar blutige Schrammen. Von all diesen Dingen hätte ich mich früher so aus der Ruhe bringen lassen, dass kreatives Arbeiten noch an ein- und demselben Tag völlig ausgeschlossen gewesen wäre. Ich hätte geflucht und geschimpft und mir gedacht: »Verflixt, hat sich denn die ganze Welt gegen mich verschworen, ich will doch um Himmels willen einfach nur in Ruhe arbeiten!« Doch lasse ich dieses Gefühl, sobald ich es nur ansatzweise bemerke, einfach durch mich hindurchfließen, mache mir klar, dass ich es nicht fühlen will und entscheide mich für bessere Gefühle, die das unterstützen, was ich tun will: Ruhe, Konzentration, Harmonie, Liebe. Unter uns: Ja, ich »musste« den Schreibtisch doch noch mal auf Hochglanz polieren, bevor ich weiterschreiben konnte, doch ich habe nichts verdrängt oder unterdrückt, sondern einfach nur entschieden, ob ich ein unerwünschtes Gefühl in mir unterhalte oder es weiterziehen lasse.

Good News!

Einen Gedanken zu deinem dämonischen Kumpel möchte ich dir gerne noch mit auf den Weg geben. Falls du denselben nicht ohnehin schon hattest – weißt du, was das wirklich Schöne an eurer Beziehung ist? Dass dein »schlimmster Feind« in dir wohnt. Das heißt, du brauchst keinerlei externe Faktoren zu bezwingen oder zu überwinden. Es bist immer du. Du entscheidest, wie stark du dich von deinem Dämon beeinflussen lässt. Und nichts anderes hat Auswirkungen auf dein Leben. Und selbst wenn du die Umstände vielleicht nicht immer beeinflussen kannst, so kannst du doch jedes einzelne Mal entscheiden, welche Attitude du in jedweder Situation annehmen willst. Im Leben geht es also zugespitzt ausgedrückt immer um das Verhältnis zwischen deinem Dämon und dir. Und das sind doch großartige Neuigkeiten. Ist das nicht außerordentlich befreiend? Dass du deinen Blick von der Außenwelt abwenden kannst und dich vor nichts zu ängstigen brauchst außer vor einem guten alten Bekannten, der ohnehin seinen Schrecken verliert, sobald du ihn anschaust? Traditionsgemäß operieren Dämonen, so wie andere dunkle Gestalten, symbolisch betrachtet im Schatten. Sobald du das Licht deines Bewusstseins auf ihn fallen lässt, ist der Bann gebrochen. Sein größter Trumpf war ohnehin, dass du dir seiner Existenz nicht bewusst warst. Das hat sich ja nun geändert. Sieg dem Licht des Bewusstseins, liebe Göttin!

DIE SIEBEN WEGE ZUR SUPERGÖTTIN,

deinem höchsten Potenzial – einem ganzheitlich glücklichen Leben

So, nun bist du bestens gewappnet, um dich mit deinem geballten Wissen über Göttinnen, Dämonen und den Kosmos mit dem eigentlichen Göttinnenprinzip zu befassen. Dieses besagt, dass dir ein ganzheitlich glückliches Leben zusteht. Es besagt weiterhin, dass du das Leben deiner kühnsten Träume kreieren kannst, wenn du es schaffst, die entsprechenden Gefühle in dir hervorzurufen. Und darum kümmern wir uns in diesem Kapitel.

Es werden im Folgenden die sieben einzelnen Pfade des Regenbogenwegs beschrieben. Ich bin ein großer Fan von Ganzheitlichkeit. Schau, wenn du nämlich einen der sieben Pfade äußerst erfolgreich beschreitest, aber ein anderer kommt ins Hintertreffen, dann denke ich, bist du nicht so glücklich, wie du es sein könntest. Ich glaube, uns allen steht ein ausgewogenes Leben zu, und ich glaube weiterhin, dass wir dieses auch realisieren können. Ich kenne Leute, die sitzen auf dicken Yachten, haben es in materieller Hinsicht geschafft, und dennoch sind sie nicht glücklich – es fehlt ihnen die (wahre) Liebe, oder es mangelt ihnen an Gesundheit. Es fehlt der Lebenssinn, sie sind spirituell leer. Oder sie haben Angst, all die angesammelte Materie wieder zu verlieren, weil sie nicht den wahren Reichtum, den inneren, erlangt haben, der es ihnen ermöglicht, die Materie ohne jede Verhaftung zu genießen. Ich weiß ja nicht, wie du das siehst, aber für mich ist das kein (ganzheitlich) glückliches Leben.

Ausgewogenheit in allen Bereichen ist der Masterplan einer (Super-)Göttin. Du kannst natürlich jederzeit für dich wählen, was du willst, wie zum Beispiel einen Bereich außen vor zu lassen. Doch ich denke mir immer: Lügen wir uns da nicht in die eigene Tasche? Wenn Balance möglich ist, wieso sollten wir dann nicht danach streben? Einige »spirituelle« Leute lehnen zum Beispiel kategorisch Geld und Materielles ab. Kann man machen. Ich glaube aber nicht, dass sie das »Gott« näherbringt. Im Gegenteil glaube ich sogar, dass die Verleugnung von irgendetwas, sei es Spirit, sei es Geld, sei es was auch immer, genau zum Gegenteil des gewünschten Ergebnisses führt. Erinnere dich an unsere Feststellung: Alles ist göttlich. Geist ist Materie in dichter Form, und Materie abzulehnen, ist daher, wie die Schöpfung selbst abzulehnen. Aber jedem das Seine – ich tue jedenfalls mein Bestes, um dir mit den sieben Aspekten des Göttinnenprinzips den Weg zu einem ganzheitlich glücklichen Leben zu ebnen. Dieser Teil des Buches ermöglicht es dir letztlich, die spezifischen Gefühle zu jedweder erwünschten Realität herzustellen und damit eben diese Realität zu erschaffen.

Dein Energiekörper

Deinen physischen Körper kennst du ja bereits. Du kannst ihn sehen, anfassen, ihn füttern, ihn bewegen, ihn kleiden und entkleiden. Er ist dein physisches Werkzeug, um die Erde zu erkunden und Erfahrungen zu sammeln. Darüber hinaus hast du noch einen Energiekörper, er wird auch als Aura bezeichnet. Wir befassen uns der Einfachheit halber nur mit dem Modell der Aura ganz allgemein, und nicht mit ihren verschiedenen »Schichten«, also mit der Energie, die deinen physischen Körper unmittelbar umgibt. Du könntest sie auch als deine Ausstrahlung bezeichnen, und je nachdem, wie du dich fühlst, ist diese Energie tatsächlich ausgedehnter oder weniger ausgedehnt. Dieses Energiefeld kannst du mit etwas Sensibilität spüren, und einige können es sogar sehen.

Dieses Energiefeld wird durch deinen Körper erzeugt. Es sind elektromagnetische Schwingungen, die von sieben Energie-Hauptzentren ausgehen, die über deinen Körper verteilt sind. Du kannst sie

DIE SIEBEN WEGE ZUR SUPERGÖTTIN

dir wie Energieknotenpunkte oder Energiewirbel vorstellen, die Energie entweder aufnehmen oder abgeben können. Somit ist dein (Energie-)Körper beständig im Austausch mit der Umwelt, indem er etwa Energie absorbiert oder aussendet. Diese Kommunikation mit der Umwelt, also dem Universum, kannst du dir zunutze machen, indem du etwas über diese Energieknotenpunkte (Chakren oder Chakras) lernst und sie bewusst in Schwung bringst. Du weißt ja, dass alles Energie, alles Information ist. Die einzelnen Chakren beschäftigen sich mit unterschiedlichen Energien oder Lebensbereichen.

Im Folgenden werden wir die Chakren nutzen, um uns nach und nach die erwünschten Schwingungen zu allen Lebensbereichen zu erarbeiten. Nach einer Einführung in den jeweiligen Weg, beschreibe ich das Chakra (Farbe, Sitz, Funktion, Dysfunktion). Zu jedem

Thema bekommst du Affirmationen, mit denen du den jeweiligen Bereich reinigen und stärken kannst. Und ich liste dir zu jedem Chakra die entsprechenden Gefühle auf, die entstehen bzw. zugänglich sind, wenn das Chakra rund läuft (das heißt sauber, nicht blockiert ist). Spannend ist natürlich auch, welche Gefühle die Chakren blockieren, aber ich reiße diese nur kurz an, denn wir wollen uns ja auf das bewusste Erschaffen der Flow-Gefühle konzentrieren.

Eine (länger andauernde) Blockade in den Chakren kann sich organisch auswirken, deshalb sind auch exemplarisch einige Organe aufgeführt, die um die Chakren herum angesiedelt sind, damit du ein Verständnis dafür bekommst, wo die eventuellen emotionalen Blockaden sitzen und mit welchen Lebensthemen eine Beschwerde gegebenenfalls zusammenhängt. Jede Krankheit entsteht aus blockierter oder ungleichmäßig fließender Energie – das heißt jedes Unwohlsein, jede Krankheit hat geistige Ursachen. Den Körper symptomatisch zu behandeln, macht aus meiner Sicht deshalb keinen Sinn, solange die geistige Ursache nicht geklärt wurde. Die Krankheit wird wiederkommen. Selbst, wenn ein krankes Organ entnommen wurde: Ohne die Beseitigung der feinstofflichen Ursache wird sich ein Energie-Ungleichgewicht früher oder später auf das »verwandte« nächstschwächere Glied auswirken, aber das nur am Rande.[3]

Es empfiehlt sich also, die Energie in allen Lebensbereichen immer schön in Fluss zu halten, denn auch hier gilt wieder: Das Innen beeinflusst das Außen. Und umgekehrt.

---

3 Wenn du mehr darüber erfahren möchtest, empfehle ich dir die Arbeit von Vianna Stibal (Begründerin des Theta Healing) oder allgemein das Feld der Epigenetik (der Forschungszweig, der die Veränderbarkeit der Gene behandelt; demnach sind auch erblich bedingte Krankheiten nichts, das sich unwiderruflich manifestieren muss).

Mens sana in corpore sano.

Ein gesunder Geist lebt in einem gesunden Körper.

Bejahungen und Verneinungen

Zum Umgang mit den DivinePowerBoostern (DPBs, Affirmationen) möchte ich dir gerne noch etwas mitgeben: Affirmationen sind ja mittlerweile hinlänglich bekannt, und sie stellen ein tolles Werkzeug dar, das dir helfen kann, dich in deine neue Realität einzufühlen. Affirmationen sind immer in der Gegenwartsform formuliert und bejahen das, was du für dich erschaffen möchtest. Fühl dich bitte frei, die DPBs, die ich in den folgenden Kapiteln für dich zusammengetragen habe, umzuformulieren, sodass sie für dich passen, oder ganz neue zu erfinden. Wichtig ist nur eines: dass sie dir helfen, das entsprechende Gefühl aufzurufen. Spiel ein bisschen mit verschiedenen Wörtern und Formulierungen, bis du ein Feeling dafür bekommst, was für dich funktioniert. Ergänzend dazu möchte ich dir noch die unbekannteren »best friends« der Affirmationen vorstellen. Es handelt sich hierbei um Verneinungen, die ebenfalls sehr kraftvoll sein können. Besonders wirksam ist eine Kombination aus beiden.

Man sagt ja, Affirmationen sollten das Wörtchen »nicht« nicht enthalten. Das ist auch nachvollziehbar, sofern das »nicht« den ungewünschten Zustand beschreibt und ihn daher gefühlsmäßig in dir aufruft. Ich möchte diese Technik aber etwas auflockern und dir empfehlen, dennoch mit Verneinungen bzw. dem Wörtchen »nicht« zu arbeiten. Als goldene Regel hierbei gilt: Einzig und allein entscheidend bei der (individuell) richtigen Formulierung ist das Gefühl, das durch sie in dir entsteht. Zum Beispiel könnte deine erwünschte Realität mit einem Jobwechsel zu tun haben. Angenommen, dein alter Job sagt dir nicht mehr zu, und du möchtest definitiv etwas anderes tun, welche Formulierung könntest du dann verwenden? Wir haben ja oft negative Assoziationen mit gewissen Wörtchen wie zum Beispiel »Arbeit«. Wenn ich zum Beispiel das tue, was ich liebe (Coachen, Bücher schreiben, ...), dann empfinde ich es nicht als Arbeit im klassischen Sinne, wobei das neutral gesehen natürlich sehr wohl unter diesen Begriff fällt. Bleiben wir gleich bei diesem Wort. Wenn ich für mich also klar machen will, dass ich keinesfalls mehr Tätigkeiten wie früher ausüben will, kann ich durchaus verneinen: »Ich werde nie wieder arbeiten!«, und für mich fühlt sich das sehr befreiend an. Wenn ich dann noch hinterher schiebe: »Ich mache nur noch, zu was ich mich von Herzen berufen fühle«, dann habe ich einerseits einer gewissen Realität den Laufpass gegeben, während ich eine andere bestärkt habe. Für mich funktioniert das. Wenn du jetzt natürlich bei dem Satz »Ich werde nie wieder arbeiten« kalte Füße bekommst und er in dir grauenhafte Gefühle in Bezug auf den ehemaligen Job hervorruft, dann wäre die Verneinung nicht geeignet.

Du weißt sicher, was ich damit sagen will: Verneine ruhig, was das Zeug hält, wenn es dir zu Klarheit und einem Gefühl der Befreiung verhilft. Noch ein Beispiel: »Ich will nie wieder einen unzuverlässigen Mann an meiner Seite haben. Stattdessen begrüße ich gerne einen herzlichen, zuverlässigen, wundervollen Partner in meinem Leben.« Fühle in dich hinein, und erspüre, wie sich das in dir bemerkbar macht. Es kann wirklich große Kraft in sich bergen, wenn du dem Universum sagst, was du auf keinen Fall willst – und was du stattdessen möchtest. Dann machst du auch für dich noch einmal klar, wo du nicht hinwillst, und hakst diese Möglichkeit energetisch ab. Vorausgesetzt natürlich, es ruft dabei die guten Gefühle hervor. Wenn bei der Arbeit mit Verneinungen kein Widerstand, kein Unwohlsein in dir auftauchen, dann sind diese genau richtig für dich.

Inspiriert wurde ich zu diesem Ansatz übrigens von einem Film, in dem ein berühmter Autor und Coach seine Klienten mit dieser Methode heilte, zum Beispiel von schlechten Angewohnheiten wie dem Rauchen. Er stand in einer bestimmten Szene mit einer Klientin am (und dann im) Meer und ließ sie stundenlang den Satz wiederholen: »Mein Name ist ..., und ich werde NIE wieder rauchen!« Erst habe ich gestutzt, weil ich das mit meinem damaligen Wissen über Affirmationen nicht vereinbaren konnte. Doch nach und nach entdeckte ich die Kraft der Verneinungen. Also, liebe Göttin, alles kann, nichts muss – auch bei der Arbeit mit DivinePowerBoostern. Lasse deiner Kreativität freien Lauf, und mach genau das, was sich für dich gut, befreiend und vor allem göttlich anfühlt.

Beides, also Bejahungen und Verneinungen, kannst du entweder über den Tag verteilt einsetzen, um das erwünschte Gefühl in dir hervorzurufen – indem du sie so lange wiederholst, bis das Gefühl in dir aktiv ist –, oder immer dann, wenn du etwas Unerwünschtes neutralisieren willst. Vielleicht hat dich gerade etwas heruntergezogen, und du möchtest dich besser fühlen? Dann affirmiere zum Beispiel: »Ich entscheide, wie ich mich fühle, und ich entscheide mich jetzt für gute Gefühle«, und beobachte, wie schnell sich die guten Gefühle einstellen, sobald du dich auf diesen Satz konzentrierst. Es kann ein bisschen dauern, bis diese Sätze greifen, besonders, wenn du auf der Gefühlsskala weit unter das erwünschte Gefühl gerutscht bist – bleib einfach dran. Das Gesetz der Anziehung schickt dir bereits nach 17 Sekunden weitere positive Gedanken, und alle weiteren 17 Sekunden kommen noch mehr und mehr von der Sorte hinzu, auf die du dich konzentrierst. Nach spätestens 68 Sekunden der Konzentration auf eine bestimmte Schwingung solltest du eine deutliche Veränderung feststellen können. So kannst du dich auf der emotionalen Skala wieder nach oben hangeln.

Die sieben Wege zur Supergöttin

Nun kommen wir zum Kern dieses Buches und beleuchten die einzelnen Wege zur Supergöttin. Dafür gehen wir ein Chakra nach dem anderen durch und bearbeiten die jeweiligen Lebensthemen. Diese Auflistung erhebt dabei keinen Anspruch auf Vollständigkeit. Das würde den Rahmen sprengen. Doch ich denke, du wirst eine gute Übersicht bekommen und mit dem, was du hier gereicht bekommst, sehr gut arbeiten können. Natürlich gibt es Überschneidungen, und es gibt Themen, wo mehrere Lebensbereiche ineinandergreifen, aber diese Struktur gibt einen guten Leitfaden für die innere Transformation vor.

Der Weg der Fülle und des (Ur-)Vertrauens – das Wurzelchakra

Den Weg der Fülle und des Urvertrauens zu beschreiben, bedeutet, dass du dich (wieder) dem Fluss des Lebens anvertraust und dich dem Strom der Fülle und der guten Dinge hingibst. Erinnere dich: Alles Gute steht dir bereits zu, du darfst nur lernen, es (noch) besser in dein Leben hinein- und durch dein Leben hindurchfließen zu lassen. In unserer westlichen Gesellschaft wird Fülle häufig mit finanziellem Reichtum assoziiert, und ausgerechnet dagegen gibt es so viele Widerstände in uns Menschen.

Jahrhundertealte Glaubensmuster wollen erlöst werden, die besagen, dass es irgendwie cool oder besonders ehrenhaft sei, wenig oder gar nichts zu besitzen. Doch nur wenn du dich auch der finanziellen Fülle öffnest, kannst du dich so entfalten, wie es für dich am besten ist: Du kannst dich weiterbilden, deinen natürlichen Interessen folgen, deinen wertvollen Körper mit gesunder, frischer Nahrung versorgen, und du kannst dasselbe für deine Liebsten tun. Du kannst mit genügend Geld in jedem Lebensbereich Entfaltung und Erfüllung finden. Das Leben sollte ein Leben in Fülle sein. Du solltest aus dem Vollen schöpfen können, auch was die Finanzen angeht. Reichtum ist keine Schande, Armut ist es. Du solltest deine

Widerstände gegen Geld untersuchen und gehen lassen. Schau, mit dem Geld ist es wie mit einem Messer: Du kannst damit ein Butterbrot schmieren, du kannst aber auch jemanden damit erstechen. Es kommt immer auf die Intuition an, mit der wir die Dinge nutzen. Es kann sein, dass das Geldsystem, das wir haben, verbesserungswürdig ist, aber ungeachtet dessen ist es das Tauschmittel, das wir gerade nutzen. Und es macht weder Sinn, es zu verdammen, noch es zu glorifizieren.

Geld ist an sich neutral. Es ist ein Mittel, dessen wir uns bedienen, um es gegen Waren, Dienstleistungen, Energie und Zeit einzutauschen. Nimm das »böse Geld« von der Anklagebank, und sieh es als das, was es wirklich ist: ein Bestandteil von AllemWasIst und damit göttlich. Heiße es in deinem Leben willkommen, und lasse es die Aufgaben übernehmen, die du ihm zudenkst. Ja, liebe Geld sogar, denn wie gesagt, Geld ist eine Form von Energie, und diese kann so viel Gutes bewirken – in deinem Leben und in dem von anderen. Wie jede Energie will Geld fließen. Halte es darum nicht fest, sondern verwende es in dem Wissen, dass du eine reichliche Quelle dafür besitzt. Je besser das Geld fließt, desto mehr Geld wird auch weiterhin durch dein Leben fließen. Sicher kannst du Geld sparen – für größere Anschaffungen oder weil du dich mit dem Betrag X auf dem Konto flexibler fühlst. Aber spare es nicht »für den Notfall« oder »für schlechte Zeiten« – sonst lädst du nichts anderes in dein Leben ein! Erlaube dir, Geld zu genießen und es mit Leichtigkeit und Großzügigkeit fließen zu lassen. Es ist ein Mittel, das dir in dieser Ebene des Daseins Erfahrungen ermöglicht. Lasse das Geld dies für dich tun.

Das Wurzelchakra, auch Erdchakra, Basischakra oder Muladhara (Sanskrit) genannt, sitzt am Steißbein und ist nach oben und unten geöffnet. Es wird dem Element Erde zugeordnet. Seine Farbe ist rot, und die Themen, mit denen es sich befasst, sind: Durchsetzungsfähigkeit, Initialzündung, Überleben, Instinkte, Urvertrauen, Stabilität, Aufnahme der Erdenergie (Erdung/Earthing), Fundament, Selbstsicherheit, Essen, Trinken, Schlafen, Selbsterhaltung und auch: das Recht, hier zu sein. Die Öffnung und Reinigung dieses Chakras wird durch die Auflösung der (Existenz-)Angst begünstigt. Wenn du dich den Themen dieses Bereiches stellst, kannst du die reibungslose Funktion dieses Energiewirbels sicherstellen. Fragen, die du dazu anschauen könntest, sind etwa:

- Was sind meine größten Ängste?
- Wo kämpfe ich ums Überleben?
- Was ist nötig, damit ich mich sicher fühle?
- Was brauche ich wirklich?
- Wo war ich immer gut versorgt, und was gibt mir Grund zu der Annahme, dass es auch immer so sein wird?

Angst ist – wie du schon weißt – eine der beiden Grundemotionen, und natürlich gibt es diverse Ängste, die die anderen Chakren ebenfalls ungünstig beeinflussen können. Trotzdem ist das Thema »Angst«, gekoppelt mit unserem natürlichen Wunsch nach Überleben, die stärkste Blockade für das Wurzelchakra.

Stelle dich deiner Angst. Sei mutig, und lasse die Antworten auf diese Fragen zu. Dann mache Frieden damit. Du brauchst diese Ängste nicht mehr.

Funktion (/Dysfunktion):

- Existenz (Existenzängste, tatsächlich im Sinne von Nahrungsmangel etc.)
- Sicherheit (Sicherheitsmangel; Gefühl von Bedrohung durch Umwelt und Mitmenschen)
- Ziele (Angst vorm Versagen, eigene Ziele und Bedürfnisse nicht erreichen bzw. befriedigen zu können)
- Hilfsbereitschaft (Angst davor, sich Grundlegendes nicht erfüllen zu können, auch Hilfe nicht annehmen zu können oder zu dürfen; Gefühl, ganz allein auf der Welt zu sein und alles allein machen zu müssen)

Organe, Zuordnung, Symptome:

Rektum, unterer Rücken, Ischias, Sexualorgane, Krampfadern

DivinePowerBooster:

- Ich erkenne die Fülle um mich herum dankbar an.
- Ich lebe in absoluter Fülle.
- Reichtum ist mein Geburtsrecht.
- Ich kann mir alles leisten, was ich möchte.
- Ich bin mit allem im Überfluss versorgt.
- Das Universum liebt mich.
- Ich bin sicher und geborgen.
- Ich liebe unsere schöne Erde.
- Ich erreiche meine Ziele mit Leichtigkeit.
- Ich darf mich voller Vertrauen ins Leben fallen lassen.
- Meine Bedürfnisse werden stets und vollkommen befriedigt.
- Die Welt ist mir freundlich gesinnt.
- Dies ist ein schöner, sicherer Ort.
- Ich bin offen für die Geschenke und Wunder des Lebens.
- Ich gebe und empfange Hilfestellung.
- Ich darf Hilfe annehmen.
- Meine Existenz ist gesichert.
- Ich bekomme ausreichend Ruhe.
- Ich kann mich liebevoll durchsetzen.
- Der Zufluss des Guten zu mir ist stark und stabil.
- Ich bin ein Geldmagnet.

Gefühlsspektrum bei Normalfunktion:

Sicherheit, Freiheit, Wahlfreiheit, Leichtigkeit, Großzügigkeit, Stabilität, Weite, Möglichkeiten, Ausdehnung, Luxus, Verspieltheit, Fülle, Vertrauen, Entspannung, Selbstvertrauen ...

Übung

Baue eine sinnliche Beziehung zu Geld auf. Alles ist Liebe – alles wünscht sich Liebe. Geld ist da keine Ausnahme. Wertschätze das, was du mehren willst. Deshalb gewöhne dir an, lieber bar als mit Karte zu zahlen, damit du das Geld fühlen kannst. Außerdem stärkt es dein »Reichtumsbewusstsein«, wenn du einen gewissen Betrag in der Tasche hast, den du ausgeben könntest, wenn du wolltest.

Hebe also Betrag X ab, der sich für dich gut anfühlt, und zahle ab sofort bar, wo es nur geht. Sage deinem Geld zum Abschied (gedanklich): »Gute Reise, liebes Geld, hab Spaß, und wenn du zu mir zurückkommst, dann bringe gerne deine Freunde und Verwandten mit!« Und dann lass es mit Leichtigkeit los in der Gewissheit, dass daraufhin noch mehr zu dir zurückfließen wird.

Um die Übung zu verstärken, kannst du dir vorstellen, einen noch größeren Betrag ausgegeben zu haben, als du es tatsächlich getan hast. Mal eben 10.000 Euro im Drogeriemarkt gelassen? Kein Problem für dich, reiche Göttin! Schnell mal für 50.000 Euro getankt? Na, du fährst doch immer mit deiner Yacht im Schlepptau bei der Tanke vor und machst sie erst einmal randvoll! Das Universum kann nicht unterscheiden, ob du gerade tatsächlich eine Million ausgegeben hast oder »nur« 100 Euro. Es nimmt nur deine Gefühle wahr, und wenn du dich reich fühlst, dann wird physischer Reichtum zu dir fließen, um deine Schwingung zu bestätigen.

Bargeld hat übrigens auch den Vorteil, dass du nicht zum gläsernen Menschen mutierst. Zahlung mit Karte und erst recht mit Chip bedeutet, dass deine Daten verfügbar sind – das heißt, WANN du WO WAS eingekauft hast, also auch ein Bewegungs- und Gewohnheitsprofil von dir.

Der Weg der Kreativität und Sexualität – das Sakralchakra

Beherzt den Weg der Kreativität und Sexualität zu gehen, erfordert eine mutige Seele. Gerade das Thema »Sexualität« ist noch sehr schambehaftet auf der menschlichen Daseinsebene. Es ist noch einiges zu tun. Schreite darum mutig voran, liebe Göttin, und gehe entschiedene Schritte auf diesem wichtigen Pfad. Die sexuelle Kraft – gerade die der Frau – birgt unsagbar mächtige Schöpferkraft. In uns Frauen entsteht schließlich neues Leben. Dies ist der purste, heiligste Akt der Schöpfung überhaupt auf diesem Planeten. Daher sollte er wieder seinen ehemals hoch geachteten Platz einnehmen, indem Frauen sich selbst wieder (mehr) ehren und dieses Leben spendende Geschenk in seiner vollen Tragweite annehmen. Das kann unabhängig davon geschehen, ob du tatsächlich Kinder hast bzw. willst oder nicht. Ich glaube, den Männern, als Kollektiv gesehen, ist diese unfassbare Kraft alles andere als geheuer, zugleich wird sie (heimlich) beneidet. Und ich denke deshalb wurde und wird die weibliche Sexualität global gesehen noch stark unterdrückt. Das ist falsch, und die weibliche Kraft bricht sich jetzt erneut Bahn, um einen Ausgleich zu schaffen und dem Männlichen auf Augenhöhe zu begegnen. Wenn du bewusst auf diesem Pfad wandelst und deine urweibliche Kraft wieder in dir entdeckst und freilegst, dann tust du nicht nur dir einen großen Gefallen, sondern begünstigst gleichzeitig die gerade beschriebene Entwicklung. Ehre daher deine Kreativität und Sexualität.

Du kannst deiner Schaffenskraft Ausdruck verleihen, indem du beispielsweise künstlerisch tätig wirst, beruflich oder als Hobby (Malen, Zeichnen, Singen, Tanzen, etwas herstellen ...). Und du kannst deine Sexualität befreien und/oder pflegen, indem du dich deinem Körper und deiner Sinnlichkeit zuwendest. Mach das, was dir guttut. Ich verrate dir sicherlich kein Geheimnis, wenn ich dir sage, dass du zum Ausleben deiner sexuellen Kraft keinen Partner (oder keine Partnerin) brauchst. Erst, wenn du selbst genau weißt, was du willst und was dir guttut, kannst du sexuelle Erfüllung und Ekstase frei von jeglicher Scham als natürliches Geschenk der Schöpfung erleben. Diesen Bereich zu heilen, ist sehr wichtig. Lass dir gegebenenfalls dabei helfen. Nützlich ist es auch für die (gesunde) Überwindung von Scham, wenn du frei und unbefangen über sexuelle Themen, Vorlieben und deine persönlichen Tabus in diesem Bereich sprechen und dich darüber austauschen kannst. Sex ist eine schöne, heilige Sache, wenn er richtig verstanden wird. Wir sollten uns nicht durch falsche Scham dieses wichtigen, natürlichen Lebensbereiches berauben, der so großes Potenzial zur Transformation und Erfahrung bietet.

Das Sakralchakra, auch Sexualchakra, Wasserchakra oder Svadhisthana (Sanskrit) genannt, sitzt zwischen Steißbein und Bauchnabel (Kreuzbein). Es ist nach vorne und hinten geöffnet und wird dem Element Wasser zugeordnet. Dieses Chakra hat die Farbe orange und befasst sich mit folgenden Lebensthemen: Entscheidung, sexuelle Freiheit, Gefühle, Kreativität, Begeisterungsfähigkeit, Freude, Sinnlichkeit, Sexualität, Fortpflanzung/Arterhaltung, Geselligkeit, Familie und auch: dem Recht, zu fühlen. Den Energiefluss in diesem Chakra und seine Reinigung kannst du erleichtern, indem du

Freude in dein Leben lässt und die Schuld(-blockade) auflöst. Hierzu kannst du folgende Fragen bearbeiten:

- Wo machst du dir selbst Vorwürfe?
- Wann machst du anderen Vorwürfe?
- Für was hältst du dich schuldig? Und andere?
- Wo und wann fühlst du dich unwürdig?
- Was belastet dich?

Was du anschaust, das vergeht. Ja, du wirst noch einmal durch diese Gefühle gehen müssen, um sie zu verstehen und dann endgültig loslassen zu können, sie in Liebe zu transformieren.

Funktion (/Dysfunktion):

- Macht in der Welt (Machtlosigkeit; ausgeliefert sein; Manipulation und Kontrolle sexueller Art in Beziehungen)
- Attraktivität (Angst, nicht anziehend zu wirken; Ablehnung der eigenen Sexualität; Scham; sexuelle Bedürfnisse verleugnen)
- Gebären/in die Welt bringen (Angst vor Schwangerschaft/Geburt; erziehungstechnisch Schuldgefühle den eigenen Kindern gegenüber)
- finanzielle Freiheit (Abhängigkeit oder Angst davor; Angst vor Armut)
- schöpferische Freiheit (aktive/passive [sexuelle] Manipulation)
- persönliche Freiheit (Angst vor Diskriminierungen aller Art)

Organe, Zuordnung, Symptome:

Sexualorgane, Ausscheidungsorgane, Fruchtbarkeit/Unfruchtbarkeit, Menstruation, Eierstöcke, Vagina, Prostata, Penis, Hoden, Nieren, Blase, Becken, unterer Rücken

DivinePowerBooster:

- Ich trage mit Freude die Verantwortung für mein Leben.
- Mein Sexleben ist freudvoll und befriedigend.
- Ich bin frei von Scham.
- Ich genieße es, kreativ tätig zu sein.
- Ich gönne anderen von Herzen ihren Erfolg.
- Finanzielle Freiheit ist mein Geburtsrecht.
- Wann immer ich möchte, habe ich Zugang zum kreativen Flow.
- Ich bin attraktiv.
- Ich darf meine Bedürfnisse anerkennen und ausleben.
- Andere respektieren meine Individualität.
- Ich darf innere und äußere Schönheit leben.
- Ich habe die Macht, über mein Leben selbst zu bestimmen.
- Ich erkenne meine schöpferische Macht an.
- Ich gebe immer mein Bestes.
- Ich bin genug.
- Meine Gefühle und Grenzen wollen und dürfen ausgedrückt werden.
- Ich habe guten Zugang zu meinen Gefühlen.
- Ich bin begeistert vom Leben.
- Dieses Leben ist eine wundervolle Reise.
- Ich bin sexy.
- Ich fühle mich wohl in der Gesellschaft anderer.

Gefühlsspektrum bei Normalfunktion:

Sexiness, Wohlbefinden, Sicherheit im Umgang mit anderen, gesunde Abgrenzung, innere Ruhe, Kreativität, Flow, Freude am Erschaffen, Selbstliebe, Prickeln, Erotik, Sinnlichkeit, Körperlichkeit, Zärtlichkeit, Hingabe ...

Übung

Übe den achtsam-sinnlichen Umgang mit dir selbst. Bei der nächsten Dusche oder dem nächsten Bad, das du nimmst, lasse dir etwas mehr Zeit als sonst. Gehe ganz bewusst und behutsam mit dir um. Schäume die Seife oder das Duschgel auf, und fühle, wie sich die Substanz in deinen Händen anfühlt, wie sich deine Hände anfühlen, wenn sie aneinander reiben. Gehe so mit jedem Körperteil vor, den du wäschst. Berühre dich so, wie du etwas berühren würdest, was dir besonders lieb und teuer ist – ein neugeborenes Baby, einen geliebten Menschen. Berühre dich auch so, wie du von anderen gerne berührt werden würdest. Schenke dir all deine Wertschätzung und Fürsorge. Beziehe dabei natürlich auch deinen Intimbereich mit ein, und achte auf die Empfindungen, die hochkommen – sie gehören zu dir. Es gibt keinen Grund, sich zu schämen. Betaste dich, erforsche dich, genieße dich.

Du kannst dir auch vorstellen, wie weißes, heilendes, liebevolles Licht aus deinen Händen strömt und deine Körperzellen energetisiert, heilt und mit Liebe auflädt. Atme tief, langsam und bedacht. Genieße die Zeit mit dir selbst. Sei es dir wert, dir Aufmerksamkeit zu schenken. Wenn es sich gut für dich anfühlt, kannst du auch mit deinem Körper Zwiesprache halten. Sag ihm, was dir alles an ihm gefällt, wie dankbar du ihm bist, dass er es dir ermöglicht, diese Lebenserfahrung zu machen. Schätze ihn wert, denn du weißt ja: Alles ist Liebe, alles wünscht sich Liebe.

Und achte auf das Wohlgefühl, das sich daraufhin einstellt: Dein Körper ist in der Lage, »unabhängig von dir« Glück zu empfinden. Vielleicht kannst du es spüren. Dieses körperliche Glück tritt auch nach einem besonders nährstoffreichen, bioenergetisch-lebendigen, hochwertigen Essen auf. Es ist faszinierend, das wahrzunehmen und dafür zu sorgen, dass deine Zellen eine prima Arbeitsumgebung haben – durch deine wertschätzenden Gedanken UND durch die wertvolle Nahrung, die du ihnen zur Verfügung stellst.

Falls du magst, öle oder creme dich nach der Dusche/dem Bad noch genauso liebevoll und achtsam ein. Segne jede einzelne Körperzelle, und ruhe im Anschluss noch ein wenig, damit du die guten Gefühle, die so entstanden sind, noch etwas länger genießen, ausdehnen und in dir verankern kannst.

Der Weg der Eigenverantwortung und Gemeinschaft – das Solarplexuschakra

Der leuchtend gelbe Weg der Eigenverantwortung und der Gemeinschaft mit anderen führt dich geradewegs in die persönliche Freiheit und in deine Macht. Macht ist Verantwortung – Selbstverantwortung. Und du bist mächtiger, als du denkst. Was macht das Wörtchen »Macht« mit dir? Zuckst du vielleicht zusammen? Willst du keine Macht, weil du keine Verantwortung (in gewissen Lebensbereichen oder im Allgemeinen) übernehmen willst? Hast du das Wort »Macht« gedanklich negativ belegt – im Sinne von Machtmissbrauch? Solche Färbungen darfst du unbedingt loslassen, denn sie bringen dich um das Verständnis, was Macht auch ist: nämlich Stärke. Wie etwa Durchsetzungsstärke, wenn es um die Verteidigung deiner natürlichen Rechte geht. Nein, du musst nicht beständig Rücksicht auf die Bedürfnisse, Gefühle und Anforderungen anderer nehmen. Du selbst bist genauso wichtig. Du darfst und solltest es dir erlauben, gesunde Grenzen zu setzen und gesunden Egoismus walten zu lassen.

Du hast ein gewisses Kontingent an Kraft. Zum Beispiel hat dein Tag wie der jedes anderen 24 Stunden, und du darfst davon einen Teil oder auch alles für dich aufwenden. Sich selbst aufzuopfern (für den Partner, die Familie, die Glaubensgemeinschaft etc.) ist gerade unter Frauen noch stark verbreitet. Wir haben die Aufgabe, jetzt unseren Anteil zu beanspruchen. Du nutzt niemandem, wenn du selbst völlig erschöpft bist. Mache dir deshalb klar, dass niemand – ich wiederhole: niemand – ein Anrecht auf dich und deine Energie hat. Gesunder Egoismus und Abgrenzung sind nicht zu verwechseln mit fehlender Empathie. Natürlich verfügst du über Letztere, aber lasse dich von niemandem übervorteilen oder herunterziehen: Wenn du jemandem helfen willst, dann bleib du in deiner Kraft, und reiche ihm die symbolische Leiter – hinaufklettern muss derjenige selbst.

Energievampirismus ist ein Stichwort, das zu diesem Chakra passt. Wenn auch du von Menschen umgeben bist, die beständig versuchen, deine Energie, Zeit oder dein Geld anzuzapfen, ohne dass du dafür einen Ausgleich erhältst, dann darfst du sie in ihre Schranken weisen oder dich zurückziehen. Wir alle kennen zum Beispiel solche Kandidaten, die ständig jammern, aber nichts ändern wollen. Du darfst aufhören, dir das reinzuziehen! Ja, das sage ich genau so. Nicht, dass wir nicht helfen sollen oder wollen, aber alles in einem gesunden Maß. Eine gute Faustregel ist die folgende: Wenn du so jemanden in deinem Umfeld hast, dann hilf ihm oder ihr bis zu drei Mal. Wenn er oder sie dann nichts an der Situation oder ihrer/seiner Einstellung dazu ändert, darfst du es gut sein lassen.

Das Solarplexuschakra, auch Feuerchakra, Nabelchakra oder Manipura (Sanskrit) genannt, befindet sich etwa zwei Fingerbreit über dem Bauchnabel. Es ist gelb, wird dem Element Feuer zugeordnet und beschäftigt sich mit diesen Bereichen: Versorgung, Verdauung, Selbstvertrauen, Wille, Willenskraft, Macht, Kraft, Verantwortung, Persönlichkeit, Weisheit (Bauchhirn), Entwicklung des Ich, Tatendrang, physische und egopsychische Vitalität, Ego, Selbstausdruck, Ansehen und auch: das Recht, zu machen. Es ist nach vorne und hinten geöffnet und wird rein und leuchtend gehalten durch die Blockadenlösung (Blockade durch Scham). Diese exemplarischen Fragen können dabei helfen:

- Für was schämst du dich?
- Wann warst du von dir enttäuscht?
- Wann warst du von anderen enttäuscht?
- Wo erlebtest du Niederlagen?
- Wo hast du dir und anderen noch nicht vergeben?

Lasse dir zeigen, was sich dir zeigen will, und dann lasse alles liebevoll los, und vergib – auch dir selbst. Ein sehr wirksames und schönes Vergebungsritual, das dir dabei helfen kann, ist Ho'oponopono – hierzu kann ich dir die Autorin Jeanne Ruland empfehlen, die sich sehr intensiv mit dem Thema befasst hat.

Funktion (/Dysfunktion):

- persönliche Macht (mangelndes Selbstwertgefühl; Übermacht anderer oder Angst davor, Erwartungen erfüllen müssen; Einschüchterung)
- Verantwortung (keine übernehmen wollen für sich und alle Lebensbereiche wie Finanzen etc.)
- gesunde Abgrenzung (Wut darüber, für andere Verantwortung übernehmen zu sollen/müssen)
- eigene Entscheidungen treffen und dahinter stehen (keine Entscheidungen treffen können; Zögerlichkeit; Gefühl der Machtlosigkeit)
- Erfolg (Versagensängste; Furcht vor Kritik; Empfindlichkeit gegenüber Kritik)
- persönliche Freiheit (Schuldzuweisungen gegen sich selbst/andere; Wutmuster; »Wut im Bauch«; Suchtmuster, Drogen, Alkohol, ein Übermaß an Süßigkeiten ...)

Organe, Zuordnung, Symptome:

Bauchspeicheldrüse, Verdauungsorgane, Darm, Nieren, Magen, Gallenblase, Essstörungen (Magersucht, Bulimie), Grippe, Ego

DivinePowerBooster:

- Ich treffe mit Leichtigkeit gute Entscheidungen.
- So wie ich bin, bin ich völlig in Ordnung.
- Alles, was ich anpacke, wird zum Erfolg.
- Ich habe ein glückliches Händchen bei allem, was ich tue.
- Ich erlaube anderen, eigene Entscheidungen zu treffen.
- Ich bin in der Lage, mit Kritik gewinnbringend umzugehen.
- Ich genieße meine persönliche Freiheit.
- Gesunde Abgrenzung fällt mir leichter und leichter.
- Ich weiß, was ich wert bin.
- Ich bin ein wertvolles Wesen.
- Ich trage großen Mehrwert zum Ganzen bei.
- Ich fühle mich wohl in meiner Haut.
- Andere begegnen mir mit Achtung und Respekt.
- Ich werde geschätzt.
- Meine Interaktion mit anderen ist harmonisch.
- Ich kann loslassen.
- Ich vergebe mir, anderen und der Welt.
- Meine Grenzen werden akzeptiert.
- Ich habe genug Raum für mich selbst und meine Interessen.
- Ich stehe hinter meinen Entscheidungen.
- Ich bin selbstbewusst.

Gefühlsspektrum bei Normalfunktion:

Selbstwert, Akzeptanz, sich annehmen können, Selbstbewusstsein, Vergebung, Loslassen, Lockerheit, Beschwingtheit, Ausdruck der eigenen Macht und Verantwortung, innere Stärke, meinen Raum einnehmen, Wertigkeit der eigenen Persönlichkeit ...

Übung

Um dein Solarplexuschakra zu stärken, probiere einmal folgende Übung aus: Gehe gedanklich zurück in deine Kindheit, und finde eine Sache (oder mehrere), die dir unglaublich viel Freude bereitet hat (haben) und die du lange nicht gemacht oder vernachlässigt hast. Es geht darum, wieder kindliche Freude und Begeisterungsfähigkeit in dir zu wecken. Wenn du magst, kannst du dir auch einfach einen Spielplatz suchen und eine Runde schaukeln – ja, als erwachsene Göttin. Und wenn du dir albern dabei vorkommst, dann erst recht – dann solltest du es sogar unbedingt tun.

Was immer es ist: Schaukeln, Malen, Singen, Tanzen, dich in irgendein Spiel vertiefen oder einen alten Film aus deiner Kindheit schauen – gib dich ganz dieser Sache hin, und lasse die Freude und die Begeisterung in dir aufsteigen und sich ausdehnen. So erfährst du das Gefühl, dass es nicht nur erlaubt, sondern auch jederzeit möglich ist, dich auch als Erwachsene so zu fühlen.

Wenn du ein Kind hast, beziehe es eventuell in diese Übung mit ein, und lasse dich von ihm anstecken und mitreißen. Natürlich kannst du das alles auch mit einer x-beliebigen Person machen, die bereit ist, sich darauf einzulassen. Zu zweit kann sich die Losgelöstheit durchaus noch steigern. Viel Spaß dabei!

Der Weg der bedingungslosen Liebe und Seelenpartnerschaft – das Herzchakra

Der vierte Weg auf deiner transformierenden Reise hin zur Supergöttin ist der Weg der bedingungslosen Liebe und Seelenpartnerschaft. Dabei ist das Entwickeln der bedingungslosen Selbstliebe das A und O. Dein Seelenpartner kannst und solltest auch du sein. In dem Moment, wo du dich so sehr liebst, dass du auf die Bestätigung durch einen Partner nicht mehr angewiesen bist und dich selbst so sehr angenommen hast, dass du weißt, du bist liebenswert, hast du deine Liebesfähigkeit auf ein ganz anderes, echtes Level katapultiert. Die Meinung, jemanden zu brauchen oder gebraucht zu werden, sei Liebe, ist sehr weit verbreitet. Das ist sie nicht – es ist ihr Gegenteil, nämlich Abhängigkeit. Erst wenn du keinen Partner brauchst, um dich ganz und geliebt zu fühlen, dann können wir davon sprechen, dass du deinen Partner wirklich wählst und ihn (drastisch ausgedrückt) nicht etwa zum Zwecke der Selbstbestätigung missbrauchst. Ja, solange das nicht der Fall ist, schwingt immer ein Missbrauch des Partners mit. Oft beruht das auf Gegenseitigkeit. Andererseits bietet sich hier eine gute Chance für gemeinsames und individuelles Wachstum, aber ich behaupte mal, dass wir uns (zumindest insgeheim) alle wünschen, von unserem Partner ebenfalls gewählt zu werden.

Ich spreche nicht von »brauchen« im Sinne von »aufeinander angewiesen sein«, beispielsweise wenn ein Partner den anderen pflegt oder sich zeitweise um dessen Angelegenheiten kümmert. Ich spreche von der grundsätzlichen Motivation, eine Partnerschaft einzugehen. Kann ich nicht alleine sein, und suche mir einen Partner, um diese Einsamkeit zu überdecken? Halte ich mich selbst nicht für liebenswert und habe deswegen einen Partner – denn wenn jemand es mit mir aushält, kann ich ja so grauenhaft gar nicht sein? Habe ich Angst davor, Verantwortung für mich selbst zu übernehmen (meine Macht anzunehmen), und suche ich mir einen Partner, der mir gewisse Dinge abnimmt, die ich mir allein nicht zutraue? Habe ich vielleicht einen Partner, um eine gewisse Außenwirkung darzustellen – nach dem Motto: Was denken die Leute, wenn ich (immer noch oder schon wieder) Single bin? Schau genau hin, was dich motiviert, wenn es um Partnerschaften und Liebe geht.

Liebe ist aus meiner Sicht erst dann echt, wenn ich keinen Partner brauche, sondern einen möchte, um meine Liebe, die universelle Liebe (die ich bereits in mir selbst gefunden habe) mit ihm zu teilen und wenn ich mindestens genauso glücklich als Single bin. Vielleicht »anders« glücklich, aber nicht weniger glücklich. Abgesehen davon muss ja gar nicht vorausgesetzt sein, dass du unbedingt einen Partner willst. Wenn du allein superglücklich bist und dies nicht etwa eine »Beziehungsvermeidungsstrategie« tarnt, wieso nicht? Wer sagt, dass wir zu zweit durchs Leben gehen müssen? Es gibt diverse Beziehungsformen (enge, lockere, offene, monogame, polygame ...) und wenn du das »Brauchen« für dich geklärt hast, dann kannst du frei wählen, welche Form von Beziehung für dich infrage kommt oder aber, ob du überhaupt eine haben willst. Es gibt durchaus Seelen, die die Erfahrung wählen, das Leben ohne Partner zu verbringen und zu sehen, was sie allein oder im Verbund mit Freunden, einer Glaubensgemeinschaft etc. alles bewerkstelligen können. Alles, was ich damit sagen will, ist: Mach dich FREI, eine Wahl zu treffen, die nicht der Angst (dem Mangel) entspringt.

Das Herzchakra, auch Luftchakra oder Anahata (Sanksrit) genannt, befindet sich im Herzraum, in der Mitte der Brust, auf der Höhe des organischen Herzens. Es ist grün und dem Element Luft (Wind) zugeordnet. Mitunter kann es auch die Farbe Rosa enthalten. Folgende Lebensthemen haben hier ihren Sitz: Liebe, Geben und Nehmen, Beziehung, Mitgefühl, Herzenswärme, Geborgenheit, Offenheit, Toleranz, Selbstliebe, Güte, Freude, Dienen, bedingungslose Liebe, Herzenswünsche, dem Herzen folgen und auch: das Recht, zu lieben und geliebt zu werden. Trauer blockiert dieses Chakra, und Liebe bringt es in Fluss. Siehe hierzu diese Fragen:

- Was bekümmert dich?
- Wo lehnst du dich selbst ab?
- Wann verweigerst du dir deine Liebe?
- Was bekommst du vermeintlich von anderen, und wie würde es dir ohne es/sie gehen?
- Welche Verluste trägst du mit dir herum?
- Was macht dich traurig bzw. hat dich traurig gemacht?

Wenn die Antworten auf diese Fragen aufsteigen, erkenne sie an, und lasse die Ereignisse dann gehen.

Funktion (/Dysfunktion):

- Liebe (Angst, nicht geliebt zu werden; Neid; Eifersucht darauf, dass andere vermeintlich mehr Aufmerksamkeit und Liebe bekommen; Angst, der Liebe anderer nicht wert zu sein)
- Fluss der Gefühle (Erstarrung der Gefühle durch Einsamkeit; Verunreinigung

DAS HERZCHAKRA

der Gefühle durch negative Wertung anderer oder Gefühle von anderen nicht äußern/erwidern können)
- Herzlichkeit/Leidenschaft (nicht mit ganzem Herzen bei einer Sache oder Person sein; Halbherzigkeit)
- Offenheit (Unfähigkeit, sich zu öffnen; nicht vergeben können; Groll hegen)
- Selbstliebe (Angst, nicht genug zu sein, nicht genug geben zu können)
- erfüllende Beziehungen (unerfüllte Beziehungen; »gebrochenes Herz« – Verzweiflung und Kummer; Bedürftigkeit)

Organe, Zuordnung, Symptome:
Herz, Thymusdrüse, Gefäßsystem, Lunge, Bronchien, oberer Rücken, Schultern, Kreislaufsystem

DivinePowerBooster:
- Ich liebe mich selbst genau so, wie ich bin.
- Ich gebe und empfange Liebe mit offenem Herzen.
- Ich öffne mich für die Liebe um mich herum.
- Ich verzeihe mir, anderen und der Welt.
- Meine Erfahrungen machen mich stark.
- Ich bin wundervoll.
- Ich verdiene es, geliebt zu werden.
- Ich bin liebenswert.
- Ich verdiene alles Gute.
- Ich lebe Liebe und Hingabe.
- Alles, was ich tue, tue ich mit Liebe.
- Ich liebe das Leben.
- Ich gebe gern aus meinem Überfluss an Liebe.
- Liebe ist im Übermaß vorhanden.
- Um Liebe zu erfahren, brauche ich mich nur dafür zu öffnen.
- Ich bin Liebe.
- Ich atme Frieden aus und Liebe ein.
- Ich lebe erfüllende, glückliche Beziehungen.

- Ich lebe in Harmonie mit anderen und der Welt.
- Ich lasse andere so sein, wie sie sein wollen.
- Ich fließe mit dem Fluss der Liebe.

Gefühlsspektrum bei Normalfunktion:

Selbstliebe, bedingungslose Liebe, Fließen, Geborgenheit, Verbundenheit, Überfließen, Geben und Empfangen, Offenheit, Harmonie, Schönheit erkennen im Innen und Außen, mit dem Herzen sehen, alles in Liebe verwandeln, die Welt umarmen ...

Übung

Bei dieser Übung geht es darum, Vergebung zu praktizieren. Nicht, um gutzuheißen, was jemand dir angetan hat, sondern um dadurch Frieden für dich selbst herzustellen. Loslassen heißt inneren Frieden erlangen.

Dazu nimmst du dir bitte einen Zettel und einen Stift. Dann ziehst du dich zurück, nimmst dir einen Moment der Ruhe und gehst gedanklich zu einer Person, der du – egal, auf welcher Ebene – noch nicht vergeben hast. Schreibe den Namen der Person auf den Zettel sowie das Ereignis, das zu vergeben ist. Schreibe dir ruhig alles von der Seele – auch wenn noch mal die unangenehmen Gefühle von damals aktiviert werden: Lasse sie bewusst ein letztes Mal zu, und unterdrücke sie nicht. Lasse schriftlich alles raus, was es mit dir gemacht hat, was dir missfallen hat.

Und wenn du das Gefühl hast, es ist jetzt genug, dann mache ein Feuer, und verbrenne den Zettel mit den Worten: »Ich lasse dich (die Person/das Ereignis) jetzt los. Ich lasse dich in Frieden los und vergebe dir, meinem Seelenfrieden zuliebe.« Wiederhole die Worte

so lange, bis du das Gefühl hast, sie kommen von Herzen, bis du fühlst, dass sich die harten Emotionen aufgeweicht und aufgelöst haben. Wenn du nur noch Frieden und Liebe in dir spürst, ist die Übung beendet.

Dieses Ritual kannst du mit jeder beliebigen Person durchführen. Vielleicht ist es auch nötig, sie mit dir selbst zu machen? Gibt es etwas, wo du dir selbst noch nicht vergeben hast? Schließe dich in den Kreis von Menschen ein, denen du aktiv vergeben hast, und fühle den Frieden und die Erleichterung – letztlich die Selbstliebe, die in dir aufsteigt, wenn du dies für dich tust.

Der Weg der eigenen Wahrheit und des Selbstausdrucks – das Halschakra

Der Weg der Wahrheit und des Selbstausdrucks ist der fünfte Weg, den ich gerne mit dir besprechen möchte. Das Halschakra ist mal wieder eines, das besonders im weiblichen Kollektiv der Reinigung bedarf. Ganz ehrlich, es ist ja noch nicht gerade lange her, dass Frauen selbst in »fortschrittlichen« Gefilden keine Stimme hatten – ich denke da an das Wahlrecht. Und ganz allgemein war es üblich, dass Männer für ihre Frauen sprachen und Letzteren schon deswegen keine eigene Meinung zugestanden wurde, weil der Mann der Brötchenverdiener war und der Job als Hausfrau und Mutter weniger hoch geachtet wurde. Ich will hier nichts verallgemeinern, aber da wir untrennbar mit dem Menschheitskollektiv verbunden sind, betreffen uns diese Themen mehr oder weniger stark auch individuell. Daher ist es eine der wichtigsten Aufgaben, deine Wahrheit, deine Stimme zu finden und Wege, ihr Ausdruck zu verleihen. Dazu musst du nicht zur Feministin werden und auf Demos herumschreien, du darfst ganz sanfte Wege gehen. Vielleicht fängst du einfach damit an, zu dir selbst gnadenlos ehrlich zu sein.

Kennst du deine Wahrheit schon, oder bist du noch auf der Suche? Gestehst du dir deine Wünsche zu, und traust du dich, sie zu artiku-

DAS HALSCHAKRA

lieren? Dieses Chakra steht oft im Zusammenhang mit so ziemlich jedem anderen Chakra – zum Beispiel mit dem Sexualchakra: Weißt du in sexueller Hinsicht, was du willst, und traust dich auch, dir selbst oder deinem Partner gegenüber einzugestehen, was das ist? Kannst du aussprechen, was dir gefällt oder nicht so sehr gefällt?

Oder im Zusammenhang mit dem Wurzelchakra: Wie gut bist du im Annehmen, etwa bei der Preisgestaltung eines Angebotes oder bei Gehaltsverhandlungen im Job? Beim Annehmen von Geschenken? Auch von dir selbst? Bist du bereit, dich unter Wert herzugeben, oder weist du nett aber bestimmt darauf hin, dass du nicht bereit bist, unter gewissen Mindestbedingungen zuzusagen bzw. weiterzumachen? Kannst du auch verbal deinen Wert transportieren bzw. deine Grenzen aufzeigen? Ich weiß, Fragen über Fragen, aber das ist ein so wichtiges Thema ... und ich empfehle dir, dich damit auseinanderzusetzen. Verleihe der Göttin in dir eine Stimme, und du wirst merken, wie deine persönliche Freiheit und dein Selbstbewusstsein gedeihen, wenn du zu dem stehst, wer und was du bist und was für dich wahr ist – und zwar unabhängig davon, was für andere wahr sein mag.

Sehr wichtig ist abgesehen von deiner eigenen Ehrlichkeit dir und anderen gegenüber auch die Tatsache, dass es dein naturgegebenes Recht ist, die Wahrheit zu erfahren. Du hast das Recht, zu wissen, was gespielt wird. Sei es in der Partnerschaft, im Beruf oder sogar politisch gesehen. Es ist ein Unding, von dir zu erwarten, dass du dich mit Halbwahrheiten abspeisen lässt. Wenn du das Gefühl hast, jemand ist nicht ganz ehrlich zu dir, dann suche das Gespräch. Fordere dein Recht ein, und konfrontiere wenn möglich den »Wahrheitsverweigerer«. Auch das bringt dich ein Stück näher in Richtung Selbstrespekt. Die Chakren stehen ohnehin immer in Wechselwirkung mit dem Innen UND dem Außen, also schau einerseits immer in dir selbst und andererseits auch im Außen, wo es etwas zu klären gibt. Mache dich dabei aber nicht verrückt. Entscheide, wo du ohne bestimmte Wahrheiten nicht leben kannst oder willst (z. B. Treue bzw. Verlässlichkeit in der Partnerschaft). Es gibt so viele Informationen auf der Welt; du kannst nicht alles wissen oder alle Wahrheiten in Erfahrung bringen, das ist auch gar nicht nötig. Schaue nur, in welchen Bereichen deines Lebens du Wert auf Wahrheit und Wahrhaftigkeit legst, und kümmere dich um diese.

Das Halschakra, auch Kehlkopfchakra, Wahrheitschakra oder Visuddha (Sanskrit) genannt, ist hellblau bis türkis gefärbt, sitzt, wie der Name schon sagt, mittig in der Kehle und ist nach vorne und hinten geöffnet. Sein Element ist der Äther. Zugeordnete Lebensthemen sind: Handeln, sich ausdrücken, Wahrheit, Mut, zur Wahrheit zu stehen, eigene Grenzen verbalisieren, Ausdruck von Kreativität, Kommunikation, Inspiration, Stimme, Reinheit und auch: das Recht, die Wahrheit zu sprechen und zu erfahren. Durch Lügen wird das Chakra blockiert. Klärende und energetisierende Fragen für dieses Chakra sind:

- Wo verleugnest du dich und deine Wahrheit?
- Wann gibst du vor, jemand anderes zu sein?
  Wo spielst du Rollen?
- Wo bist du nicht ehrlich zu dir?
  Wo lügst du dir selbst in die Tasche?
- Wann hast du Angst, was andere von deiner Wahrheit
  halten könnten oder wie sie darauf reagieren?
- Wo stehst du nicht voll und ganz zu dir?

Ehrlichkeit dir selbst und anderen gegenüber bringt die Energie in diesem Bereich in Fluss. Schau dir das alles ganz genau an, und dann lass jegliche Unwahrheit los. Stehe zu dir und zu dem, was deine Wahrheit ist.

DAS HALSCHAKRA

Funktion (/Dysfunktion):

- für die eigenen Belange und Rechte einstehen (sich unterdrücken/übervorteilen lassen; Angst, die eigenen Bedürfnisse/Grenzen zu artikulieren und zu verteidigen)
- gesunde Grenzen ziehen (jahrelanger Schmerz und Groll gegen sich selbst, weil man einst seine Grenzen nicht gezogen hat)
- Reinigung, »seelischer Stuhlgang« (Unfähigkeit, zu weinen, sich auszudrücken; hinter dem Berg halten; aus diversen Gründen die Unwahrheit sagen)
- Wahrheitsliebe, mit sich selbst im Reinen sein (Wahrheit verdrehen; Klatsch, Tratsch, üble Nachrede; andere kontrollieren/beeinflussen wollen)
- Willenskraft/Lebensbejahung, »JA!« zum Leben sagen (mangelnde Willenskraft; Lebensangst; Süchte wie Zigaretten, Alkohol; Essens- und Lebensverweigerung)

Organe, Zuordnung, Symptome:

Stimmbänder, Schilddrüse, Nebenschilddrüsen, Mandeln, Zähne, Halsdrüsen

DivinePowerBooster:

- Ich stehe für das ein, woran ich glaube.
- Ich verleihe meinen Gefühlen Ausdruck.
- Es ist sicher, meinen Standpunkt zu vertreten.
- Ich spreche meine Wahrheit.
- Es ist okay, wenn ich auch verbal meine Grenzen schütze.
- Ich sage »JA!« zum Leben.
- Mein Wille ist stark.
- Ich bin mit mir selbst im Reinen.
- Ich drücke mich klar und deutlich aus.
- Ich werde gehört.
- Meine Meinung wird wertgeschätzt.
- Ich darf weinen.

- Ich treffe freie Entscheidungen und lasse anderen die ihren.
- Kommunikation macht mir großen Spaß.
- Ich bin humorvoll und werde geschätzt.
- Ich spreche wertschätzend über andere.
- Meine Mitmenschen verhalten sich mir gegenüber wertschätzend und loyal.
- Ich werde stets respektvoll behandelt.
- Ich behaupte mich liebevoll.
- Ich stehe jederzeit zu meiner Wahrheit.
- Ich bin frei von der Beeinflussung durch andere.

Gefühlsspektrum bei Normalfunktion:

Eloquenz, sprachlicher Selbstausdruck, Unbefangenheit, Leichtigkeit, Klarheit, Wahrheit, Mut, Ausdruckskraft, emotionale Reinigung, Erleichterung, den Gefühlen eine Stimme verleihen ...

Übung

Gut, dass wir das Herzchakra schon behandelt haben, denn ich möchte nun, dass du dir für die folgende Übung ein Herz fasst. Um dein Halschakra zu stärken, wirst du über deinen Schatten springen und etwas Unausgesprochenes, das dir auf der Seele brennt, aussprechen.

Dazu überlegst du dir, zwischen welcher Person und dir etwas schwelt, wo du vielleicht klein beigegeben hast, wo du nicht nach deiner Wahrheit gehandelt hast – etwas, was du dir verkniffen, das du nicht ausgesprochen hast. Es geht darum, diese Situation oder Angelegenheit in Liebe zu klären – mit der betreffenden Person direkt. Wie oft passt uns etwas nicht, und wir reden mit allen möglichen Menschen darüber, aber aus diversen Gründen nicht mit dem Verursacher/der Verursacherin?

Es geht gar nicht darum, nun recht haben zu müssen oder gar einen Streit zu provozieren, sondern darum, dass du lernst, zu deiner Wahrheit auch verbal zu stehen und nichts herunterzuschlucken, was raus sollte. Am besten sprich direkt mit der Person oder aber am Telefon, wenn ein persönliches Aussprechen nicht möglich sein sollte.

Das muss nichts Aktuelles sein – es könnte zum Beispiel sein, dass du mit einem Elternteil etwas aus deiner Kindheit oder Jugend besprechen willst. Drücke dich aus, bringe zur Sprache, was dich verletzt, irritiert oder verunsichert hat, und beschreibe, wie deine Wahrnehmung der Angelegenheit aussieht. Das machst du ruhig und liebevoll, und wahrscheinlich reagiert dein Gegenüber angenehm überrascht. Oftmals traut sich die andere Partei einfach nicht, den ersten Schritt zu tun. Dass du es tust, kann eure Verbindung auf eine ganz neue Ebene tragen.

Mindestens aber verschaffst du dir Respekt – dir selbst und dem anderen gegenüber. Und das nächste Mal musst du es erst gar nicht so weit kommen lassen, sondern artikulierst höflich, aber deutlich, wenn dir etwas nicht passt bzw. du mit etwas nicht einverstanden bist. Dazu gehört auch, an passender Stelle das simple Wörtchen »nein« zu gebrauchen, womit sich so manche Göttin erstaunlich schwertut – auch ganz im Sinne des Solarplexuschakras (gesunde Abgrenzung).

Also, stehe zu deiner Wahrheit, sprich sie aus, und sei gespannt, auf welche Ebene dich das katapultiert.

Ein Hinweis noch, um diesem wichtigen Chakra die nötige Leichtigkeit einzuhauchen: Es wird auch prima geklärt und gestärkt, wenn du singst. Also vielleicht magst du das nächste Mal unter der Dusche oder beim Autofahren lauthals deinen Lieblingssong trällern? Das kann ungemein befreiend sein!

Der Weg der Innenschau und Intuition – das Stirnchakra

Nun sind wir ja schon ganz schön weit vorangeschritten, liebe Göttin. Kommen wir jetzt zum indigofarbenen Weg der Innenschau und Intuition. Obwohl ja keines der Chakren wichtiger ist als die anderen und sie nur im wundervollen, harmonischen Zusammenspiel zu einem ganzheitlich glücklichen Leben führen, möchte ich dennoch behaupten, dass dieses Energiezentrum absolut essenziell ist – zumindest für die Inhalte dieses Buches. Hier ist nämlich der Sitz der Vision und Innenschau. Und ich möchte sagen: der Sitz der Vorschau auf dein künftiges Leben. Hier spielt sich nämlich dein Kopfkino ab. Hier entsteht die gewünschte – oder die unbewusst unerwünschte – Version von dir. Egal, ob du tatsächlich Bilder siehst, oder ob du »nur« Gefühle erschaffst, die deine Träume beschreiben und letztlich verwirklichen – hier findet es statt.

In der Tat bekomme ich oft zu hören »Ich kann nicht visualisieren« oder »Ich bin schlecht darin«. Dabei visualisieren wir ständig, nur eben häufig unbewusst. Wenn ich dir von einem rosa Elefanten erzähle – taucht er dann nicht vor deinem geistigen Auge auf? Nichts anderes ist Visualisieren. Es beschreibt eine Technik, Bilder von deiner ersehnten Zukunft und damit die Gefühle, die dazugehören, im Jetzt aufzurufen. Damit bist du via Vision bereits jetzt in deinem zukünftigen Leben. Hier sind wir wieder bei »Fake it till you make it« oder bei der Kopierfunktion des Universums. Sorge dafür, dass du die Bilder auf den Kopierer legst, die du in deiner Realität sehen möchtest. Ich war in meinem Leben schon oft verblüfft, wie sehr sich meine Visionen und meine spätere Realität geähnelt haben. Oft war die Realität sogar besser als die Vision.

Dieses Chakra im Flow zu halten, ist also immens wichtig bei der Erweckung der Supergöttin im realen Leben. Themen dieses Chakras sind außerdem das Herstellen der Verbindung mit AllemWasIst, dem Gefühl der Einheit. Dies ist das Energiezentrum, wo die Illusion der Trennung endet. Sobald dieses Chakra so richtig rund läuft, wird der Satz »Wir sind alle eins, alles ist mit allem verbunden« nicht mehr länger graue Theorie sein, sondern du wirst spüren und wissen, dass es so ist.

Das dritte Auge sieht über die visuellen Begrenzungen hinaus, sieht hinter die Fassade. Wenn es aktiv ist, spricht deine Intuition zu dir, etwa, wenn etwas augenscheinlich tipptopp aussieht und dir dein Gefühl trotzdem sagt, dass da etwas faul ist. Das hat mir schon so einige Erfahrung eingehandelt, wenn ich mich nach den »Tatsachen« statt der Intuition gerichtet habe. Aber ich habe auch gelernt, ihr mit den Jahren immer mehr und mehr zu vertrauen. Und eines kann ich dir sagen: Es scheint nicht immer logisch, was deine Intuition dir rät, besonders, wenn du noch sehr im Verstand »gefangen« bist, aber es lohnt sich jedes Mal, ihr nachzugehen. Blende dabei deinen gesunden Menschenverstand nicht ganz aus, aber sei versichert, dass deine Intuition mehr weiß als er – sie hat den Gesamtüberblick, den universellen Blick, wenn du so willst, während der Verstand darauf angewiesen ist, sich an bereits gemachten Erfahrungen zu orientieren. Wenn ich immer nach meinem Verstand gegangen wäre, dann würde ich jetzt nicht in Spanien sitzen und dieses Buch an einem wunderschönen Ort am Meer schreiben. Was für eine köstliche Erfahrung, ein Lebenstraum, der in Erfüllung gegangen ist – und nur möglich, weil ich meine Intuition meinen Verstand überstimmen ließ und einfach alles hinter mir gelassen und vermeintliche Sicherheiten aufgegeben habe. Und hey – ich hab's gut überlebt! Der Verstand mag es gern, auf Nummer sicher zu gehen. Das ist sein Job. Wenn du ihm aber ständig erlaubst, die Intuition zu überstimmen, dann bringst du dich um die eine oder andere großartige Erfahrung. Die Intuition ist schließlich die Stimme deiner Seele, und wenn sie nicht weiß, was am besten für dich ist, wer dann?

Das indigofarbene Stirnchakra, auch Drittes-Auge-Chakra, Lichtchakra oder Ajna (Sanskrit) genannt, befindet sich zwischen den Augen in der Mitte der Stirn, über der Nasenwurzel. Sein Element ist der Geist, und es befasst sich mit folgenden Themen: Denken, intuitives Wissen, Intuition, Einheit, Verbindung, innere Weisheit, Wahrnehmung, Selbsterkenntnis, Einsicht, Willenskraft, Fantasie, übersinnliche Wahrnehmung, Vision, Selbstverwirklichung und auch: das Recht, zu sehen (auch im Sinne von Einsicht). Illusionen sowie Neid sind die Hauptblockaden für dieses Chakra. Lösen kannst du sie, indem du folgende Fragen anschaust:

- Wo fühlst du dich getrennt? Von anderen Menschen, vom Kosmos?
- Wovon trennst du dich ganz allgemein ab, vielleicht von diversen Gefühlen?
- Wo wertest du?
- Wie sieht dein zukünftiges Leben aus, welches Bild machst du dir davon? Hast du hier Verbesserungsbedarf?
- Traust du deiner Intuition? Und was kannst du tun, um (noch) besser auf sie hören zu können?
- Bei welcher Gelegenheit war es gut, deiner inneren Stimme zu folgen?
- Wo **ver**urteilst du?
- Wo und wann empfindest du Neid?

Wir alle sind verbunden, wir alle sind eins. Neid besagt, dass du Trennung fühlst. Es ist, als würdest du einem anderen Selbst etwas nicht gönnen. Aus kosmischer Sicht kommst du deinem Glück näher, wenn du anderen ihres gönnen und dich von Herzen für sie freuen kannst. Und denke daran: Es gibt die anderen nicht. Arbeite daran, andere als »Teile« von dir zu betrachten, andere Aspekte von dir. Und wenn sie Erfahrungen machen, die du auch gerne machen möchtest, dann gönne sie ihnen, und sei froh, dass ein Aspekt von dir diese Erfahrung bereits macht. Selbst, wenn du sie selbst nicht machen solltest: Wir können (und wollen) nicht alle dieselben Erfahrungen machen – deshalb ist die Vielfalt des Universums ja so wundervoll.

Funktion (/Dysfunktion):

- Innenschau (Angst davor, nach innen zu schauen; sich selbst täuschen; Verleugnung der Wahrheit)
- Intelligenz (Angst vor mangelnder Intelligenz, davor, nicht schlau genug zu sein)
- Fantasie/Kreativität (Neid und Eifersucht auf die kreativen Fähigkeiten anderer; Angst vor der eigenen Kreativität und Intuition und dadurch Dissoziierung von beidem)
- Lernen aus Erfahrungen (die Weigerung, Erfahrungen gewinnbringend zu nutzen, stattdessen Schuld bei anderen suchen; andere für die eigenen Probleme verantwortlich machen)
- kreativer Flow (Starrheit durch festgefahrene Verhaltensmuster; Weigerung, diese aufzulösen/zu hinterfragen)

Organe, Zuordnung, Symptome:

Zirbeldrüse, Gehirn, Augen, Ohren, Wirbelsäule, Depression, Migräne, Nervenzusammenbruch

DivinePowerBooster:

- Ich bin in der Lage, aus meinen Erfahrungen zu lernen.
- Ich übernehme die Verantwortung für meine Lebenssituation.
- Wenn es mein Wunsch ist, kann ich jederzeit mein Leben verändern.
- Ich bin eine machtvolle Göttin.
- Ich beschäftige mich gerne mit Innenschau.
- Es macht mir große Freude, mich selbst besser kennenzulernen.
- Ich bewundere die großartige Fantasie anderer.
- Ich bin schöpferisch, fantasievoll und kreativ.
- Meine Kreativität ist unerschöpflich.
- Ich fließe geradezu über vor tollen Ideen.
- In mir sprudelt eine Quelle genialer Lösungen.
- Ich bin ehrlich zu mir selbst.
- Ich bin offen für Neues, das mein Leben bereichert.
- Ich entwickle mich mit Freude.
- Das Leben ist Veränderung – ich fließe vertrauensvoll mit ihr.
- Ich erschaffe das, was ich liebe.
- Ich bin ein Magnet für das Objekt meiner Aufmerksamkeit.
- Was ich will, will auch mich.
- Ich öffne mich meiner Intuition, Erfahrung und Intelligenz.
- Ich höre auf meine innere Weisheit.
- Ich liebe es, meinen brillanten Verstand einzusetzen.

Gefühlsspektrum bei Normalfunktion:

Intelligenz, Informationen verarbeiten, intellektuelle Einsichten, umfassendes Verständnis, logische Zusammenhänge verstehen, Inspiration, Lösungen, Einfälle, Eingebungen, Genialität, Selbstreflexion ...

Übung

Zum Stirnchakra, dem Visionschakra stelle ich dir gerne folgende, sehr effiziente Übung vor: das Anfertigen eines VisionBoards (Visionstafel). Das macht nicht nur großen Spaß, sondern unterstützt dich prima bei der Realisierung deiner Ziele und Träume. Gestalte dein Board wie du willst – so, dass es dir so richtig gute Laune macht, wenn dein Blick darauf fällt – und das sollte er häufig tun. Platziere es also an einem prominenten Ort, wo du es häufig sehen kannst. Halte oft inne, und betrachte es, bis die guten Gefühle in dir hochsteigen, die die Bilder deines Lebens »in richtig genial« hervorrufen.

Zur Anfertigung solltest du diese Punkte beachten: Suche dir zunächst einen Untergrund. Pappkarton, Leinwand, Tafel, was du magst – eine Leinwand oder Korkplatte hat den Vorteil, dass du erledigte Ziele leicht abnehmen und gegen neue austauschen kannst. Darauf kommen dann Bilder aus Zeitschriften oder Ausdrucke von schönen Bildern aus dem Netz. Von Materiellem, Luxusgütern, Autos, Häusern, Geld, Gold, Schmuck über Symbole für Lebensfreude, Kinder, Tiere, Blumen, Reisen, Natur und Farben hin zu allem, was dich inspiriert und sich gut für dich anfühlt. Du kannst auch einzelne Wörter ausschneiden/aufmalen wie Gesundheit, Harmonie, Frieden, Einheit – alle Qualitäten, die du in deinem Leben haben möchtest.

Die Übung ist deshalb so machtvoll, weil das Universum/dein Unterbewusstsein durch Bilder spricht bzw. mit Bildern arbeitet. Das merkst du auch, wenn du träumst. Ein prima Trick: Bringe ein Bild von dir in der Mitte des VisionBoards unter – das signalisiert, dass all das mit dir verknüpft ist, dass du quasi mitten in diesem Leben, in diesen Qualitäten stehst und es/sie lebst. Wenn du vor dem Schlafengehen noch einmal besonders intensiv darauf schaust und die Gefühle hochkommen lässt, die du mit all dem verbindest, dann kann es sein, dass du direkt von deinem visualisierten Leben zu träumen beginnst.

Schriftliche Ziele werden schneller Realität als gedachte Ziele – vielleicht möchtest du deine Ziele auch schriftlich in einer Art VisionsTagebuch festhalten. Folgende Fragestellungen können dir dabei helfen:

- Dein perfekter Göttinnen-Tag, wie sieht der aus?
- Wie wachst du auf und wo und neben wem?
- Welches Frühstück nimmst du zu dir? Machst du es selber oder bekommst du es serviert?
- Wo bist du, wie ist das Klima dort, wie riecht es dort? Beziehe alle Sinne mit ein!
- Treibst du Sport oder nicht, wenn ja, welchen?
- Sind Menschen um dich herum, wenn ja, welche?
- Was und wo isst du zu Mittag?
- Arbeitest du etwas, wenn ja was?
- Was machst du am Nachmittag?
- Was isst du zu Abend, wo und mit wem?

Spiele richtig »Wünsch dir was!«, und lasse dich von nichts einschränken – überlasse das WIE dem Kosmos.

Für unterwegs kannst du dir zum Beispiel mit einer Slideshow-App behelfen, in der du Bilder wie in einer Diashow abspielen kannst – dein VisionBoard für unterwegs.

Du musst natürlich nicht heute und nicht morgen mit der Übung fertig werden. Fange einfach an, und lasse deine Visionstafel in deiner Geschwindigkeit wachsen.

Der Weg der Spiritualität und der Erleuchtung – das Kronenchakra

Nun sind wir endlich bei meinem Lieblingspfad angelangt. Ich nenne das Kronenchakra auch gerne das Luxuschakra, denn im »Sieben-Chakren-System« ist es das höchste und die direkte Anbindung an den Kosmos. Aber nicht allein deswegen bezeichne ich es so. Wenn wir einmal nach »Prioritäten« gehen, so ist das Wurzelchakra erst einmal wichtig, um überhaupt das (Über-)Leben zu sichern. Sprich, wenn es da schon hakt, dann kommt die Beschäftigung mit den anderen Lebensthemen arg ins Hintertreffen, falls sie überhaupt jemals Beachtung finden. Du wirst mir wahrscheinlich recht geben, dass ein Mensch, der mit dem reinen Überleben beschäftigt ist, also der Frage »Was esse ich morgen?« oder »Wie komme ich mit dem Geld bis zum Ende des Monats?«, sich kaum die entscheidenden, spirituellen Lebensfragen stellen bzw. Antworten darauf finden wird. Ich kann ein Lied davon singen, denn als ich noch (starke) finanzielle Ängste hatte, war das Interesse für diese Lebensfragen zwar gegeben, doch ich hatte weder Zeit noch Energie – und schon gar nicht den Nerv –, mich damit zu befassen. Mir war viel wichtiger, mich damit zu beschäftigen, meinen Job zu sichern und meine Schäfchen ins Trockene zu bringen. Da war an (bewusstes) spirituelles Wachstum oder persönliche Entfaltung anderer Art gar nicht zu denken. Erst, als ich das für mich einigermaßen geklärt hatte und in diesem Bereich mehr Frieden fand, konnte ich mich »höheren« Themen zuwenden.

Und in diesem Universum oder Leben – oder wie du es nennen magst – sind einfach Fragen essenziell wie: »Wer bin ich (wirklich)?«, »Was hat das Leben für einen Sinn? Hat es überhaupt einen?«, »Wie funktioniert dieses Leben?«, »Wie funktioniert dieser Planet?«, »Wo kommen wir her, und wo gehen wir hin?«, »Gibt es einen Gott? Oder gar eine Göttin, und wenn ja, wie sieht sie aus?« Essenziell, weil ich denke, sie gehören einfach zur Ganzheitlichkeit dazu und tauchen automatisch auf, wenn gewisse andere Bereiche zuerst abgedeckt sind. Vielleicht nicht bei jedem Menschen, doch ich denke, die Klärung der lebensnotwendigen »Überlebensangelegenheiten« begünstigt diese Fragen und öffnet den Menschen für sein persönliches Erblühen und damit für die Erweiterung seines Bewusstseins. Ja, sie ermöglicht sogar in dieser Hinsicht einen evolutionären Bewusstseinssprung des Einzelnen und damit sukzessive des Kollektivs. Es ist also immens wichtig, zunächst die grundlegenden Themen zu bearbeiten, um überhaupt die geistige Freiheit, Offenheit und Gelassenheit für die großen Fragen des Lebens zu entwickeln. Das ist der Grund, weshalb ich es das Luxuschakra nenne: weil wir dann den Luxus haben, uns mit den wirklich wichtigen Fragen und den Antworten darauf zu befassen. Zeit zum Lesen, Zeit zum Reflektieren, die Mittel, um zu reisen, Bücher zu kaufen, Seminare zu besuchen – all dies ergibt sich viel leichter, wenn der »Überlebenskampf« so nicht mehr stattfindet. Schlimm genug, dass man die Beschäftigung mit diesen Themen heutzutage als »Luxus« einstufen muss. So nehme ich das jedenfalls wahr bzw. habe es wahrgenommen.

Hier sind auch die Anhaftungen zu Hause, die uns an die Illusion des Irdischen binden. Wenn du dir darüber klar wirst, dass alles Energie ist, die nur ihre Form wechselt, und es ohnehin nur um Erfahrungen geht, dann wirst du deine Anhaftungen loslassen können, indem du diese Illusion durchschaust. Egal, ob es sich dabei um Menschen, materielle Besitztümer oder »geistiges Eigentum« handelt. Menschen, die diesen Punkt missverstehen, neigen dazu, die Materie – ja, gar ihren Körper – abzulehnen, weil dies ihrer Meinung nach alles nur die Illusion darstelle. Und durch die Überwindung der Materie erhoffen sie sich die Loslösung von der Illusion. Damit wird zu weit gegangen, wie ich finde, denn wir können die Illusion durchaus durchblicken und trotzdem die Materie insofern ehren, als dass wir wissen: Sie ist Geist in verdichteter Form und ebenso heilig oder göttlich wie einfach alles im Universum – auch wenn unser Verstand (durch Wertung oder Verurteilung ...) uns einiges als eher **un**göttlich vorgaukeln möchte. Aber nehmen wir es ihm nicht übel. Es ist sein Job. Durch ihn können wir die Illusion überhaupt erst erfahren, um sie dann zu durchschauen. Er ist das perfekte Instrument, um uns getrennt fühlen zu lassen. Ohne diese Trennung gibt es nicht die köstliche Erfahrung, wieder in die Einheit mit allem, die Ganzheit einzutauchen. Hier findet das Ende der Dualität statt. Die reibungslose Funktion des Scheitelchakras stellt auch deine Verbindung zu deinem wahren Ursprung (»zu Hause«, Quelle) her.

Das Kronenchakra, auch Scheitelchakra, kosmisches Chakra, Gedankenchakra oder Sahasrara (Sanskrit) genannt, befindet sich auf bzw. einen bis zwei Fingerbreit über dem Scheitel. Es ist je nach Mensch entweder weiß, golden oder violett. In der Meditation kannst du dir deine Farbe zeigen lassen. Es symbolisiert deine Verbindung zum Kosmos und wird blockiert durch irdische Anhaftungen. Sein Element ist das Universum, die göttliche, alles durchziehende Liebesenergie, also kein Element im klassischen Sinne. Seine Themen drehen sich um: göttliche Verbindung, Spiritualität, Bewusstheit, universelles Bewusstsein, kosmische Energien, höchste Erkenntnis,

Religiosität (Glaube), Geistige Welt, Zugang, Glückseligkeit, Bliss, reines Bewusstsein und auch: das Recht, zu wissen. Blockaden durch Anhaftungen kannst du mit folgenden Fragen lösen:

- Woran hängst du?
- Was kannst oder möchtest du nicht loslassen?
- Was ist dir ans Herz gewachsen?
- Was hält dich fest?
- Was hält dich erdgebunden?

Lasse die Antworten auf diese Fragen aufsteigen, und frage dich auch, wer du ohne diese Dinge, Menschen oder Erinnerungen bist. Wo definieren sie dich? Ist dies nötig? Erkenne, dass du reiner Geist bist, der nichts benötigt, der in der Lage ist, dies alles zu genießen, es aber ultimativ nicht zu brauchen.

Funktion (/Dysfunktion):

- Sinn (Gefühl der Bedeutungslosigkeit, ein unbedeutendes Leben zu führen)
- Vertrauen in den Fluss des Lebens (komplette Verunsicherung, weil man weder dem Leben noch sich selbst traut)
- Mut (Mangel an Mut, Unsicherheit)
- erweitertes Bewusstsein/Expansion (nicht über den Tellerrand hinausschauen wollen; beschränkte/eingefahrene Sichtweisen)
- spirituelles Wesen (Angst, sich selbst zu erkennen als höheres Wesen; Angst vor Transformation; Weigerung, sich zu hinterfragen und sich zu einer göttlicheren Version von sich selbst zu entwickeln)
- Selbsterkenntnis (eingefahrene Grund- und Verhaltensmuster nicht erkennen [wollen])
- Glaube/Wissen (Zweifel, Glaubenskrisen)

DAS KRONENCHAKRA

Organe, Zuordnung, Symptome:
Hirnanhangdrüse, Nervensystem, Knochen

DivinePowerBooster:

- Ich bin reines Bewusstsein.
- Ich bin verbunden mit allem, was ist.
- Es macht mir Spaß, über den Tellerrand zu schauen.
- Ich erkenne mich selbst als unbegrenztes, göttliches Wesen.
- Ich erkenne mich selbst.
- Ich bin ein geliebter Teil der Schöpfung.
- Ich bin mutig.
- Mit Freude erforsche ich meine Grenzen und erweitere sie.
- Liebe ist ewig. Ich bin ewig.
- Ich bin immer bereit, den nächsten Schritt in meinem Leben zu tun.
- Die Liebe in mir darf sich frei entfalten.
- Ich darf meiner Spiritualität Ausdruck verleihen.
- Ich darf meinen Glauben in Freiheit praktizieren.
- Der Kosmos liebt mich bedingungslos.
- Ich bin stark in meinem Glauben.
- Ich habe stets Zugang zur göttlichen Quelle.
- Ich empfinde absolute Glückseligkeit.
- Ich vertraue dem Fluss des Lebens.
- Ich lasse mich vom Leben tragen.
- Ich übergebe alle Ängste, Zweifel und Sorgen dem Universum zur Transformation.
- Ich bin erleuchtet.

Gefühlsspektrum bei Normalfunktion:
Sinnhaftigkeit, Verbindung mit AllemWasIst, Erleuchtung, Glückseligkeit, Perfektion, Ruhe, Zentriertheit, Humor, Wissen, Weisheit,

Entfaltung, Anbindung an die Göttlichkeit, Verzückung, Unbe-schreiblichkeit, Unsterblichkeit ...

Übung

Für die Stärkung deines Kronenchakras übe dich mehrmals am Tag bei unterschiedlichen Gelegenheiten etwa zehn Sekunden lang in Präsenz. Gehe dazu alle deine Sinne durch. Was spürst du, was hörst du? Was schmeckst du, was riechst und was siehst du? Beim Abspülen, Autofahren, Laufen etc. Mache das mindestens sechsmal am Tag oder auch gern öfter.

Damit trainierst du dein Bewusstsein als Göttin, das Leben im Jetzt, deine Präsenz im Jetzt, natürlich lernst du so auch, dein Oberstüb-chen und damit dein Befinden besser zu kontrollieren.

Bleib dran, du kennst ja jetzt die Benefits. Lasse dich nicht ent-mutigen, wenn du wieder aus dem Jetzt-Bewusstsein zurückfällst. Wichtig ist, dass du wieder aufstehst. Mache alles in deiner Ge-schwindigkeit, nimm den Stress raus. Sei gnädig zu und geduldig mit dir selbst – wieder ganz im Sinne der Selbstliebe –, und lasse dem Prozess so viel Zeit, wie du brauchst. Mit Entspannung geht's ganz von alleine.

Mache aus dem Prozess der Erleuchtung auch kein großes Ding: Wenn du dauerhaft im Jetzt lebst, einen Zustand von Glückseligkeit und Einheitsbewusstsein aufrechterhalten kannst und die Illusion der Materie sowie die Mechanismen der Welt und des Universums durchschaut hast, dann bist du erleuchtet. Du bist dann Liebe, nichts als Liebe, dein ultimatives Potenzial.

Und bis es dauerhaft soweit ist, hast du vielleicht mehr und mehr erleuchtete Momente oder Phasen ... aber mach dir wie gesagt keinen Stress – jede Göttin zu ihrer Zeit. Je entspannter du damit umgehst, desto schneller tritt dieser Zustand ein. Die wenigsten sind auf einen Schlag erleuchtet, auch dies ist ein Weg, den wir mit Würde und Demut gehen dürfen. Diesen Weg überhaupt zu gehen, an dir und deiner Entwicklung zu arbeiten, zu lernen, das Leben zu verstehen, ist ein Merkmal einer sehr mutigen, pionierlustigen Seele. Glückwunsch dafür, und auch danke, dass du dies für dich und damit für die Menschheit als Ganzes tust.

Die Wiederherstellung des Urzustands

Im letzten Kapitel habe ich dir erklärt, wie du die einzelnen Lebensbereiche in Fluss bringen kannst bzw. wie die Supergöttin (die DPBs) die »Wahrheit« über dich sehen würde. Bitte denke daran, dass dies alles nur Konzepte sind, die das Leben beschreiben und die dazu dienen, es besser zu verstehen. In Wirklichkeit existiert ein solches Konstrukt nicht. Es dient nur der Orientierung. Um dir das noch besser zu verdeutlichen und dir die ultimative Wahrheit über dich noch näher bringen zu können, möchte ich ein Puzzlestückchen mit dir teilen, das mir bisher »fehlte«. Das heißt, es lag die ganze Zeit vor mir, doch ich wusste nicht, wie ich es in den Rest meines Puzzles einfügen sollte. Wir sind sich ständig weiterentwickelnde Wesen und kommen nie an einen Punkt (zumindest nicht, während wir hier an einen Körper gebunden sind), an dem wir alles wissen. Es ist auch nicht nötig, alles zu wissen. Und ich behaupte mal, es ist gerade das Mysterium, das Unbekannte, das uns fasziniert. Deshalb gibt es immer etwas zu entdecken für die Abenteurer, die wir sind. Ich jedenfalls habe großen Spaß daran, immer wieder auf neue Erkenntnisse zu stoßen und diese dann zu teilen. Aber: Teile ich sie wirklich mit anderen »Wesen«, oder teile ich sie mit mir selbst? Weil ich diese Dinge so noch mal besser verstehen und integrieren kann und/oder weil ich mich in diesem Leben als Lehrerin erfahren will? Ultimativ geschieht alles für mich selbst – und dennoch auch für dich.

Barbara Dewey schreibt: »Das Bewusstsein liebt sich selbst außerordentlich und gerät in wahre Verzückung über die von ihm selbst erdachten Erlebnisse. Wenn es nicht so sehr in seine eigene Ekstase versunken wäre, würde es wahrscheinlich vor Staunen erstarren, aber staunen kann nur ein passiver Beobachter, und das Bewusstsein ist alles andere als passiv. Je näher wir Menschen diesem emotionalen Zustand der Verzückung kommen, umso näher kommen wir an das eigentliche Leben heran, wie es ursprünglich geplant war.«[4]

Um diese Aussage in ihrer vollen Tragweite vermitteln zu können, möchte ich noch einmal ein paar Begriffe auseinanderklamüsern. Denn nur, wenn dir ganz klar ist, was hier gesagt wurde, wirst du den Nutzen aus diesen und meinen Worten ziehen können. Hier geht es mir um das Wort »Bewusstsein«, das ich in unterschiedlichen Zusammenhängen verwende, das aber nicht unbedingt immer dasselbe meint. Bewusstsein, oder sagen wir zur besseren Unterscheidung Schöpferbewusstsein, reines Energiepotenzial, unendliche Möglichkeiten, unendliche Energie, AllesWasIst, das bist du in deiner ursprünglichen Form. Ein Teil von dieser unendlichen Energie – wir könnten diese auch Göttin/Gott oder das Nullpunktfeld nennen – ist in deinen Körper projiziert, um diese Lebenserfahrung machen zu können. Der größere Teil von dir jedoch – die Supergöttin, dein Höheres Selbst, der weisere Teil von dir – ist weiterhin dieses reine Energiepotenzial. Das heißt, ganz konsequent weitergedacht: Du bist die Schöpferin UND die Schöpfung. Es gibt da genau genommen keinen Unterschied. Die Tatsache, dass du dich getrennt fühlen kannst von allem anderen und sogar davon, was du eventuell gelernt hast, was »Gott« ist, ermöglicht dir genialerweise, die Schöpfung nicht nur zu sein, sondern sie zu erfahren. Du bist das Universum, das vom Teil aus auf das Ganze blickt. Die Trennung wurde, wie alles andere in der Schöpfung, von DIR geschaffen, um vom Teil aus auf das Ganze blicken zu können. Das Universum, oder Göttin/Gott oder das Allbewusstsein ist jedoch holografisch, was bedeutet, dass das Ganze die Teile enthält und die Teile jeweils das Ganze enthalten. Das ist für den menschlichen Verstand schwer zu packen – wenn es überhaupt gelingt. Daher lade ich dich ein, mei-

---

4 Frei übersetzt nach Barbara Dewey: Consciousness and Quantum Behavior, Bartholomew 1993.

DIE WIEDERHERSTELLUNG
DES URZUSTANDS

ne Worte eher zu fühlen, sie mit deinem Herzen wahrzunehmen, anstatt sie verstandesmäßig verarbeiten zu wollen.

Dasselbe meint übrigens auch Rumi, wenn er sagt:

*You are not a drop in the ocean.
You are the entire ocean in a drop.*

*Du bist kein Tropfen im Ozean.
Du bist der ganze Ozean in einem Tropfen.*

Du bist der Tropfen UND der Ozean in einem. Du hast diese Tatsache nur vor dir selbst verborgen, um dich im Spiel des Lebens vergessen zu können. Das wiederum hast du getan, um im Spiel eine möglichst authentische Erfahrung zu machen. Du bist Allwissen, Liebe, Bewusstsein, Licht, Weisheit, unbegrenztes Potenzial und schöpferische Ekstase. Doch all dies hast du vergessen, weil du Lust auf dieses menschliche Spiel hattest. Du hast dich in die Begrenzung begeben, um Erfahrungen zu machen – und dazu gehören eben auch Erfahrungen, die das Gegenteil deiner wahren Natur bedeuten. Die Begrenzungen sind vielfältig: Finanzielle Begrenzungen, gesundheitliche Begrenzungen, Begrenzungen im Umgang mit anderen (Streit statt Harmonie etc.), gefühlte Begrenzungen beim Empfinden und Empfangen von Liebe. Und ich glaube, du (und ich) haben dies getan, gerade um die Wahrheit darüber, wer wir wirklich sind, wieder ans Licht zu zerren, wieder zu erkennen, wer wir wirklich sind und unser schöpferisches Potenzial innerhalb dieses Lebensspiels freizulegen und damit, ja – zu spielen. Aus purer Freude am Spielen, am Erfahren. Die Erfahrung der Trennung war nötig, um daraus erwachen und feststellen zu können, wer du wirklich bist.

Lass mich das Wörtchen »Bewusstsein« noch aus einer anderen Perspektive beleuchten: Du bist einerseits dieses ultimative, grenzenlose Schöpferbewusstsein, erlebst dich aber in deiner Form als Mensch begrenzt. Hier »verfügst« du über Bewusstsein (dein Wachbewusstsein), während dein Unterbewusstsein (der größere, weisere Teil von dir) weiterhin an das ultimative Potenzial angekoppelt ist. Wenn du dein Menschenbewusstsein vorübergehend ausschaltest, im Schlaf zum Beispiel, dann gehst du zeitweise wieder in das ultimative Bewusstsein über. Du kannst dir das Leben wie einen Traum vorstellen, in dem du denkst, bewusst zu sein – wie beim luziden Träumen etwa, wenn der Träumer den Eindruck hat, der Traum passiere ihm nicht nur, sondern er könne ihn »bewusst« beeinflussen. Und doch kommt dir, wenn du träumst, auch alles so sehr real vor, stimmt's? Besonders, wenn es kein angenehmer Traum war, bist du froh, aufzuwachen und festzustellen, dass es nur ein Traum war. Du hast alles so real erlebt – wurdest vielleicht verfolgt, fielst irgendwo herunter, hast etwas gegessen und dessen Geschmack erlebt, hast jemanden getroffen und mit dieser Person interagiert ... Was, wenn ich dir sage, dass das Leben selbst nur ein (relativ luzider) Traum ist und dass, wenn du nachts träumst, du dies innerhalb des Lebenstraums tust?

Diese Einsicht kann und wird dich befreien. Das Leben ist ein Traum. Es ist eine virtuelle Realität, wie ein hervorragend animiertes Computerspiel. So detailgetreu, mit so »echten« Umgebungen und Mitspielern, dass du wirklich dem Glauben verfallen könntest, dies alles sei echt. Ist es aber nicht. Es ist nur eine hervorragende Täuschung, gemacht von dir als unendlicher Intelligenz, aus reiner Lust an der Erfahrung, aus Lust am Spiel. Du bist sogar so gut in

DIE WIEDERHERSTELLUNG DES URZUSTANDS

diesem Spiel, dass du dir eine ganze Zeit lang weismachen konntest, dies alles sei tatsächlich real. Du hast dich glauben lassen, du seiest »nur ein Mensch«, dabei bist du der Schöpfer und die Kreatur. Das Bewusstsein, das durch deine »Augen« auf sich selbst, seine Schöpfung blickt. Doch es gibt keine Augen, es gibt keinen Körper, es gibt nichts »da draußen«. Wir haben schon darüber gesprochen, wie wir Realität erschaffen, und ultimativ gibt es diese Realität, diese Welt nicht ohne Beobachter. Die Welt braucht den Beobachter, um zu existieren. Das Universum wird sich erst durch dich seiner selbst bewusst. Wenn du eine Blume ansiehst, dann sieht die Blume dich. Wenn du ihre Schönheit bestaunst, wird sie sich ihrer Schönheit bewusst. Und das ist das Puzzleteilchen, über das ich mit dir sprechen möchte, denn in dieser Erkenntnis liegen all deine Macht, deine Eigenverantwortung und damit deine Freiheit.

Meine Frage lautete:

»Existiert überhaupt etwas unabhängig von mir?«

Mit anderen Worten: Ist da jemand außer mir, oder bilde ich mir das alles nur ein? Gehört das zu meinem Spielfeld im Spiel des Lebens? Sind »die anderen« unabhängige Schöpfer oder Schauspieler, die von mir erfunden wurden, um das Spiel des Lebens interessanter zu gestalten? Und die befreiende Antwort ist: Es gibt niemanden außer mir – und niemanden außer dir. Denn obwohl wir gerade Schauspieler füreinander sind, können wir beide als eigenständige Schöpfer unser eigenes Universum kreieren. Du hast mich erfunden, um im Spiel des Lebens an die Informationen zu kommen, die ich dir in diesem Buch zukommen lasse. Das Buch hast du zu diesem

191

Zwecke ebenfalls erfunden. Ich habe dich erfunden, um jemanden zu haben, für den ich das Buch schreiben kann. Doch ultimativ ist auch in meiner Realität kein »du« »da draußen«. Das »du« existiert genauso wenig wie das »da draußen«. Ich bin genauso eine Projektion des Unendlichen wie du, was bedeutet, dass wir ultimativ ein- und dasselbe sind.

Noch mal: Du bist ultimatives Schöpferbewusstsein, und du hast alles, einfach alles erfunden, was dir im Leben begegnet. Alles, was du für »real« hältst. Ich habe schon erklärt, wie das funktioniert. Und wenn es wahr ist, dass alles dir entspringt, dass alles frei erfunden ist, dann ist auch alles veränderbar und alles möglich. Hier sind wir wieder beim Schminkspiegelbeispiel: Die Realität verändern zu wollen, ist, wie den Spiegel statt deines Gesichts zu schminken und zu erwarten, dass das Make-up wie durch ein Wunder in deinem Gesicht ankommt. Die Ursache deiner »Realität« ist dein Schöpferbewusstsein, nichts anderes. Dein menschliches Bewusstsein hat zu diesem ultimativen Potenzial nur nicht unbedingt Zugriff, deshalb erlebst du Begrenzungen in deinem Hologramm (alias deine scheinbare Realität). Du hast auch diese Begrenzungen erschaffen, durch dein Bewusstsein bzw. den unbewussten, nicht zugänglichen Teil, durch dein Höheres Selbst, wenn du so willst. Jede deiner Kreationen braucht Energie (dieselbe Energie, die du bist, aus der du bestehst, die unendlich ist), um in der Realität zu erscheinen. Die Vision muss quasi mit genügend Energie (Aufmerksamkeit) versorgt werden, um »real« in deinem Hologramm aufzutauchen. Da dies auf jede deiner Schöpfungen zutrifft, gilt das auch für die Begrenzungen, die du geschaffen hast. Dein natürlicher Zustand ist grenzenlos in jeder Hinsicht: Du bist grenzenlos gesund, du bist grenzenlos reich, du kannst grenzenlos erschaffen, du kannst grenzenlos lieben, du kannst dich grenzenlos erfreuen, du BIST grenzenlos. Die Begrenzungen sind nicht real, sie wurden von dir selbst geschaffen, um die Erfahrung der Begrenzung zu machen. Um letztlich daraus zu erwachen und dir dein wahres Schöpferbewusstsein zurückzuerobern. Um im Spiel des Lebens grenzenlos schöpfen zu können.

Dies ist eine wunderbare Entdeckung, denn sie gibt dir (allmählich) deine gesamte Kraft zurück. Je mehr Begrenzungen du auflösen kannst, desto näher kommst du deinem Urzustand der Grenzenlosigkeit in jeglicher Hinsicht. Und jetzt frage ich dich: Wenn dein Urzustand perfekt und grenzenlos ist, macht es dann überhaupt noch Sinn, etwas Bestimmtes zu erschaffen? Oder macht es nicht vielleicht mehr Sinn, eine Stufe weiter zu gehen und dich von dem grenzenlosen Teil in dir, von der Supergöttin führen zu lassen? Vielleicht hast du den Spruch auch schon mal gehört: »Gottes Plan für dich ist so viel herrlicher als deine eigenen Pläne für dich.« Das bedeutet, dass die Supergöttin, das »Wesen«, das alles hat, was du möchtest, alles erfährt, was du möchtest, alles ist, was du möchtest, eigentlich dieser theologische Gott ist. Wenn diese Supergöttin, die beste Version deiner selbst, bereits so lebt, wie du es gern möchtest, solltest du ihr dann nicht die Führung übergeben, statt zu versuchen, alles mit deinem menschlichen Verstand und den Illusionen der Begrenzung zu organisieren? Diese Überlegung führt uns direkt zum nächsten Punkt.

Loslassen – die Meisterklasse der bewussten Schöpfung

Einerseits kannst du loslassen im Sinne von »den Wunsch loslassen« verstehen. Dieses Loslassen meint das Unverhaftetsein gegenüber deinen Wünschen, damit sie sich manifestieren können. Ich möchte das Loslassen mit dir aber jetzt gern auf ein höheres Niveau heben und das genauer ausführen, was ich bereits in meinem ersten Buch angedeutet habe, als ich sagte: Sorge einfach für die Erhöhung deiner Schwingung, entferne das Netz, das sich zwischen dir und der Erfüllung deiner Wünsche befindet, und alles fällt an seinen Platz, um die Details brauchst du dich nicht zu sorgen.

Was ich hier damit meine, ist, dass du dich im Urvertrauen üben solltest. Dass du lernst, darauf zu vertrauen, dass du von der Supergöttin in dir beschützt und geführt bist. Die, wie du ja weißt, das ultimative Potenzial verkörpert, das du dir in deinen wildesten Träumen nicht ausmalen kannst. Aber sie kann, denn sie unterliegt im Gegensatz zu dir nicht der menschlichen Illusion (deinem Verstand). Es ist, als würdest du versuchen, von A nach B zu kommen, von einer Realität in die andere. Während du auf dieser Fahrt nur bis zum Horizont oder bis zur nächsten Kurve sehen kannst, hat die Supergöttin den ganzen Weg aus der Vogelperspektive im Auge – mit allen Hindernissen, Baustellen und Umleitungen. Wenn du es schaffst, zurückzutreten und ihr die Führung zu überlassen, wirst du schneller, leichter und fröhlicher ankommen. Und du wirst die Reise so sehr genießen, dass das Ankommen nicht mehr im Vordergrund steht bzw. überhaupt nicht mehr wichtig ist. Die Supergöttin hat DAS geniale Leben für dich. Sie lebt es bereits. Und sie ruft dich zu ihr, indem sie durch deine Intuition mit dir spricht. Lerne, ihr zu

DIE WIEDERHERSTELLUNG
DES URZUSTANDS

vertrauen. In deinen Anfängen als bewusste Schöpferin (und ich in meinen) ist (bzw. war) es aufregend, Dinge zu erschaffen – ganz gezielte Dinge wie Reisen, einen Partner, bestimmte Erlebnisse. Was aber, wenn das immer noch innerhalb der Begrenzung geschah (und das tat es)?

Wir sind jetzt bereit für das nächste Level, meine Liebe. Und das Göttinnen-Prinzip besagt, dass dazu das ultimative Loslassen gehört. WEIL der menschliche Teil von dir begrenzt ist, der unendliche aber nicht, wie der Name schon sagt. Deswegen machen wir nun das genaue Gegenteil vom gezielten »aktiven« Erschaffen: Wir werden passiv-empfangend. Aber nicht im Sinne des **un**ermächtigten, ohnmächtigen Menschleins, das wir früher dachten zu sein, sondern im Sinne der erwachten Schöpferin, die die letzte Begrenzung überwindet, indem sie sich dem weiseren Teil von sich selbst anvertraut. Das ist mit Urvertrauen gemeint. Es meint, dass wir uns vollkommen frei davon machen, etwas erzwingen zu wollen, möglichst alle Hintergedanken loslassen, weshalb wir affirmieren, visualisieren etc., um einfach nur das Glücksempfinden, die Freude zu begünstigen, zu ihrem Selbstzweck.

Passiv-empfangend bedeutet in diesem Zusammenhang, abzuwarten, was in deiner Realität auftaucht und dann gemäß deiner Intuition zu reagieren, nichts erzwingen, höchstens etwas begünstigen zu wollen. Natürlich ist das Übungssache, wie eigentlich alles im Leben, aber es führt dich in deine Freiheit und zurück zu deinem Urpotenzial. Nimm wahr, beobachte, was zu dir kommt, was geschieht, und dann entscheide so, wie es deine Intuition, deine Herzensstimme dir rät. Dabei denke bitte daran, dass gar nichts schief gehen kann, denn du befindest dich mitten in einer von dir selbst erfundenen Animation, die zugegebenermaßen sehr real wirkt, es aber nicht ist. Lasse dich daher niemals von der »Realität« erschrecken, und wisse, dass es nichts gibt, was du »kaputt machen« kannst oder was dir bzw. anderen schaden kann. Eine Illusion kannst du nicht zerstören – und alles, was du siehst, erlebst, schmeckst, riechst, anfasst, ist in Wirklichkeit eine Illusion. Die Ursache für diese Illusion ist in dir. Du kannst dich daher auch von der Idee komplett verabschieden, dass es in deinem Universum irgendeine Macht außer deiner selbst gibt. Es gibt sie nicht, außer du machst auch diese Einbildung zu einem Teil deines Hologramms. Die Realität benötigt dich als Beobachter, um zu sein. Ohne dich ist sie nicht. Da sind keine Menschen, die gerade ohne dich Party machen, da ist niemand, der dir etwas geben kann, und auch niemand, der dir etwas wegnehmen kann – es sei denn, du kreierst es (unbewusst).

Es ist sehr wichtig, das zu verstehen, deshalb setze ich noch einmal anders an: Wie ich schon erklärt habe, erschaffen wir Realität durch unsere fünf Sinne, die von unserem Gehirn decodiert und dann durch unseren individuellen Wahrnehmungsfilter beurteilt werden. Doch was ist, wenn wir diese Sinne nicht haben? Gut, du könntest jetzt sagen: Wenn jemand nicht hören kann, so kann er dennoch die Realität mit seinen Augen beobachten und sie mit seinen restlichen Sinnen wahrnehmen, auch wenn ihm die Realität des Hörens verwehrt bleibt. Streng genommen können gewisse Klangschwingungen im Körper gefühlt werden, und so würde der Körper hören – zumindest eine gewisse Bandbreite. Was aber, wenn zusätzlich der Tastsinn fehlt? Ist dieser Sinn ausgeschaltet, kannst du operiert werden, ohne Schmerz zu empfinden – der für das Schmerzempfinden zuständige Sinn ist dann nicht aktiv. Ein narkotisierter Körper, der zwar noch bei Bewusstsein ist, aber weder hört, noch sieht, noch fühlt, könnte so nicht einmal ein Hindernis im Raum erkennen, nicht einmal dann, wenn er dagegen stoßen würde.

Ohne unsere Sinne, oder zumindest die meisten davon, könnten wir uns nicht einmal orientieren. Vielleicht magst du das gedanklich noch mal kurz für dich durchspielen, denn die wichtige Erkenntnis daraus ist der Schluss, dass ohne die Decodierung unserer Sinne im Gehirn »die Dinge« bzw. die »Welt« gar nicht existiert/existieren kann. Realität entsteht im Gehirn. Genauer gesagt erschafft das Bewusstsein die Realität im Kopf. Ohne Bewusstsein keine sogenannte Realität. Wir bilden uns alles nur ein. Und in dieser Einbildung, in diesem Traum, in dem nichts schiefgehen kann, ist es doch einen Versuch wert, dich vollkommen deiner inneren Führung hinzugeben, oder nicht? Der wahrhaftige Teil von dir, das ultimative Schöpferbewusstsein, bleibt davon unberührt, denn alles spielt sich ja nur in der holografischen Realität ab. Und auch, wenn es so scheint, als könnte dort etwas beschädigt oder gar zerstört werden – dein wahres Wesen bleibt davon unberührt, denn es ist ja der Urheber deiner Illusion, der Projektor und nicht die Projektion. Du erlebst dich zwar als innerhalb der Projektion, aber auch das ist Teil der Illusion. Der Projektor als solcher, deine wahre Natur als grenzenloses Bewusstsein, ist unantastbar, unverwundbar und unzerstörbar. Daher gehst du kein Risiko ein, wenn du dich von dem weisen Teil in dir führen lässt, hin zu der viel fantastischeren Realität, als du sie dir ausmalen kannst. Sie ist das »Ziel«, das in Wahrheit keines ist, denn du verkörperst es auf gewisser Ebene bereits. Ziel ist, deine Grenzenlosigkeit zu entdecken und sie hier erfahrbar zu machen. Diese Übergabe der Führung zur Freilegung und Erfahrung deiner Grenzenlosigkeit ist es, was ich meine, wenn ich dir in diesem Zusammenhang erzähle, dass du loslassen sollst. Erinnere dich: Du hast mich nur erfunden, erschaffen, um jetzt und hier an diese Informationen zu kommen, weil sie dich auf die eine oder andere Art gerade weiterbringen können. Du bist sozusagen bereit, zu erfahren, was du hier erfährst.

Mach dir auch unbedingt noch einmal bewusst, dass du für dich allein verantwortlich bist. Genau genommen BIST du allein, denn alles, was du wahrnimmst, ist deine Schöpfung. Alles hast DU kreiert. Andere »Menschen« sind Mitspieler, die du kreiert hast, und sie verhalten sich so, wie es das Drehbuch deines Universums (deines Unterbewusstseins) vorgibt. In dieser Stufe des Erwachens wirst du beginnen, wirklich alles in deinem Universum persönlich zu nehmen, um dadurch mehr über dich selbst zu erfahren. Während früher andere Mitspieler dem Gefühl der Trennung dienten, weil wir dachten, es gäbe »andere«, während es nur Versionen von uns selbst waren, dienen sie uns in dieser neuen Phase als Spiegel für uns selbst und ebenfalls als Botschafter, die uns weitere Spielregeln für oder neue Perspektiven auf unser Lebensspiel geben und/oder etwas in unserer Erfahrung anstoßen und uns in ein neues Level verhelfen. Andere Aspekte von dir spiegeln dir deine Ängste, deine Hoffnungen, deine Grenzen, deine Liebenswürdigkeit, deine Großzügigkeit usw. wider. Es ist immer ein guter Hinweis, die anderen zu beobachten und dich zu fragen, was dich an ihnen stört (denn das lehnst du an dir selbst ab) oder was du an ihnen magst (denn das schätzt du an dir selbst). Es ist eine einzige Illusion, eine einzige Reflexion, von allem, was in dir ist und was du als Projektor auf die Leinwand deines Lebens projizierst.

DIE WIEDERHERSTELLUNG
DES URZUSTANDS

Um dies zu verinnerlichen und nicht nur zu verstehen – denn es ist wie gesagt eigentlich unmöglich, dies mit dem Verstand nachzuvollziehen, sondern es ist eine Erfahrung, ein Gefühl, ein erweiterter Bewusstseinszustand –, möchte ich dir eine Übung vorstellen, die das, was du bisher über dich dachtest, so dermaßen auf den Kopf zu stellen vermag, dass du einmal von innen nach außen gewendet werden könntest und/oder plötzlich die heftigsten (positiven) Gefühlsausbrüche bekommen kannst – wenn du erkennst oder fühlst, wer du wirklich bist. Mit dieser Erkenntnis kommt nämlich eine so gehörige Portion von Mitgefühl, von Herzenswärme, von Urteilsfreiheit und von Freiheit per se, dass es dich schier umhauen wird, wenn du dich darauf einlässt.

Also, let's go: Diese Übung kannst du jederzeit und so lange du magst durchführen. Zu Beginn würde ich dir jedoch empfehlen, sie zunächst für mindestens 24 Stunden durchzuführen bzw. so lange, bis sich der gewisse Effekt einstellt – und du wirst wissen, wann er sich einstellt, denn er ist deutlich und überwältigend.

Es ist ganz einfach: Wann immer dein Blick auf etwas fällt, wann immer du etwas berührst, nimm es ganz achtsam wahr, und sage »Du bist meine Schöpfung, und ich habe dich vollkommen erschaffen«. Es geht darum, deine Schöpfung als solche anzuerkennen und zu erkennen, dass zwischen Schöpfer und Schöpfung keine Trennung besteht. Sage »Du bist meine Schöpfung …« zu allem und jedem (wenn auch nur in Gedanken, damit dich niemand für verrückt hält). Wiederhole »Du bist meine Schöpfung …«, und fühle die Bedeutung des Satzes, denn er ist wahr. Spüre die Wahrheit dahinter. Alles, was du wahrnimmst, hast DU erschaffen. Du ganz allein. Ich weiß natürlich nicht, wie genau sich diese Übung auf dich auswirkt, aber ich bin immer wieder zutiefst berührt davon. Wir vergessen leider zu leicht, dass wirklich nichts außerhalb von uns existiert, und würdigen die »Welt« und ihren »Inhalt« nicht, so wie wir es könnten. Erkenne deine Schöpfung an – denn es ist eine unglaubliche Leistung! Schau doch nur, wie lebensecht du all dies kreiert hast! Der Kaffee schmeckt so lecker, dein Schatz küsst so gut, der Kosmos legt ein ums andere Mal unglaublich schöne Sonnenuntergänge hin, und all dies hast du erschaffen. All dies ist deine Kreation.

Auch das, was du früher vielleicht als misslungen empfunden hättest: Auch dies ist deine Kreation. Und ist dann das Urteil nicht vollkommen überflüssig angesichts deiner Schöpferkraft? Ist es nicht unglaublich, dass du selbst »Unschönes« erschaffen hast? Der Prozess ist derselbe. Alles, ob »gut« oder »schlecht«, legt nur Zeugnis über deine Schöpferkraft ab. Also, ich weiß ja nicht, wie es dir geht, aber bekommst du nicht auch Gänsehaut und feuchte Augen, wenn du siehst, wozu du fähig bist? Liebst du dann nicht automatisch alle deine Kreationen, völlig wertfrei, weil du weißt, dass du dahintersteckst, dass sie dir entspringen? Herzzerreißend schöne Südseeinseln, traumhafte Sonnenuntergänge, die schönsten Farben, die exotischsten Tiere, die genialsten Menschen, die besten Erfindungen – alles hast ultimativ du erschaffen. Wenn du Umweltverschmutzung, Mörder, Verschwörungen und Ungerechtigkeit wahrnimmst, hast du auch diese erschaffen. Auch das zeugt von deiner unfassbaren Kraft, denn ohne dich wäre nichts »real«. Deswegen macht es gar keinen Sinn, deine Schöpfung zu verurteilen, sie kritisieren oder verändern zu wollen – das ist ohnehin wieder nur der Versuch, den Spiegel zu schminken. Stattdessen ändere deine Vision – und die Projektion wird sich ändern. Du wirst andere Dinge und Ereignisse in der Welt wahrnehmen, wenn du zuerst die Ursache bearbeitest – und die Ursache bist immer du selbst. Finde deine Beschränkungen, befreie dich von ihrer Illusion und von der Illusion ganz allgemein – und du wirst so leben, wie du willst.

Wenn ich diese Übung mache und mich dank ihr im Schöpferbewusstsein aufhalte, dann ist die Welt für mich voller Wunder, dann sehe ich die Menschen um mich herum an und erkenne sie als meine Schöpfung, als andere Aspekte meiner selbst, und ich liebe alle von ihnen, ohne Ausnahme. Egal, wie »andere Menschen« über sie oder ihr Verhalten urteilen. Ich sehe meinen Kater an und denke mir, was für eine vollkommene Schöpfung ich da kreiert habe: so weiches Fell, so kluge Augen, so ein witziges Verhalten ... oder ich sehe einen Sonnenuntergang an, und mir kommen die Tränen, weil ich so überwältigt von dessen Schönheit bin und von der Tatsache, dass ich in der Lage war, etwas Derartiges zu erschaffen.

Nach dieser Beschreibung und erst recht, wenn du diese und ähnliche Erfahrungen selbst gemacht hast, verstehst du das Zitat von Barbara Dewey auf einer bedeutungsvolleren Ebene.

Der emotionale Zustand der Verzückung, den sie nennt, ist dein Urzustand. Daher ist die von mir gern gepredigte Selbstliebe auch so wichtig – auch sie ist dein natürlicher Zustand. Es ist in Ordnung, angesichts deiner Kreation in völlige Verzückung zu geraten, egal, wie diese aussehen mag. Alles, einfach alles ist aus dieser Perspektive, in diesem Bewusstseinszustand ein Wunder. Dass du »hier« bist, ist ein Wunder. Dass du all dies geschaffen hast, ist ein Wunder. Dass du es für so real hältst/gehalten hast, ist ein Wunder. Dass du dich als grenzenlose Schöpferin für begrenzt hältst, ist ein Wunder. Sprich mir nach:

»Ich bin die unendlich machtvolle Schöpferin meines Universums.«

Und? Fühlst du es schon? Bist du bereit, dies als die Wahrheit über dich anzunehmen? Falls nicht, lass dir Zeit. Du hast lange gebraucht, dir das Gegenteil einzureden. Was nicht bedeutet, dass es nicht ganz schnell gehen kann, bis du dein wahres Potenzial erkennst und freilegst – allein die erfahrungsmäßige Erkenntnis kann dich auf einen Schlag befreien, erleuchten, ermächtigen.

Ich habe bereits angedeutet, dass all deine Kreationen mit Energie angereichert sind, um sie zu »Realität« zu formen. Wenn du grenzenlos leben willst und deinen Urzustand von Glückseligkeit sowie schöpferisch-spielerischer Seinsfreude und Ekstase wiederherstellen willst, dann empfiehlt es sich, die Energie, die du zur Erschaffung deiner Einschränkungen aufgewandt hast, zu befreien. Darum kümmern wir uns im folgenden Kapitel.

Die Dualität als solche ist gekennzeichnet vom Urteilen bis hin zum Verurteilen – nicht urteilen im Sinne von entscheiden, was ich erleben will oder nicht erleben will oder was ich aus allem wähle, was das Universum mir anbietet, sondern das **Ver**urteilen, das zwischen schlecht oder gut, lieb oder böse, Freund oder Feind und so weiter unterscheidet. Dieses Urteil lehnt das eine ab und integriert das andere. Es schließt eines aus und das andere ein. Die Dualität verlangt sozusagen immer eine Entscheidung von dir nach dem Motto: Auf welche Seite schlägst du dich? Aus meiner Sicht führt das immer zu Leid, denn wie gesagt, widerspricht dies deinem wahren Wesen, das alles IST und somit natürlich alles einschließt. Wann immer du also etwas oder jemanden ablehnst, lehnst du in Wahrheit dich selbst ab, du **ver**urteilst dich selbst, und es schmerzt dich, nicht den anderen, denn den gibt es nicht. Deshalb besagt das Göttinnenprinzip, dass du mit der Dualität Schluss machen solltest, ein für allemal. Das bringt dir wahren inneren Frieden und befreit dein Schöpferpotenzial auf dem Weg zur Supergöttin. Wie du das anstellst, Schritt für Schritt und in der dir angenehmen Geschwindigkeit, das möchte ich dir jetzt zeigen.

In meinem letzten Buch habe ich viel von Schwingungserhöhung gesprochen, und im Prinzip geht es jetzt um nichts anderes. Doch jetzt möchte ich gerne eine Ergänzung hinzufügen, die bei der Aufhebung der Dualität außerordentlich nützlich sein kann, denn sie verurteilt die Negativität oder die »schlechten Gefühle« ebenfalls nicht, sondern nutzt sie ganz gezielt zur Transformation. Auch das hatte ich bereits angedeutet, doch hier heben wir auch dieses Thema auf ein ganz neues Niveau. Was ich dir gleich erkläre, habe ich in abgewandelter Form von Robert Scheinfeld übernommen, dessen Buch »Raus aus dem Geld-Spiel!«[5] ich dir sehr

---

5 Robert Scheinfeld: Raus aus dem Geld-Spiel. Books4success, 3. Aufl., 2010.

ans Herz lege – besonders, wenn du das Wissen aus diesem Buch vertiefen möchtest.

Herr Scheinfeld hat einen Prozess entwickelt, in dem er die Energie aus unerwünschten Schöpfungen (Begrenzungen) zurückgewinnt. Die Wahrheit dahinter ist jene, die bereits weiter oben angedeutet wurde: Kreationen brauchen Energie, um »real« zu werden. Und wenn du etwas kreiert hast, was dich einschränkt, dann kannst du der einschränkenden Kreation die Energie wieder entziehen, sodass sie sich nicht mehr negativ auf dein Erleben auswirkt. Ein plastisches Beispiel: Sagen wir, du bist in finanzieller Not, weil du irgendwann die Einschränkung kreiert hast, dass du es nicht verdient hast, reich zu sein, oder dass es auf der Welt nur einen begrenzten Geldbetrag gibt, der in Umlauf ist, wovon du eben nur einen winzigen Teil abbekommen hast. In Wahrheit hast du all dies erfunden, und es gibt weder »die Welt« noch »Geld im Umlauf«. Es gibt nichts von alldem. Real (empfunden) ist allerdings deine Kreation, die besagt, die Geldmenge sei begrenzt und du hättest sehr wenig davon. Daher macht es Sinn, die darauf verwendete Energie zurückzugewinnen und der Einschränkung Energie zu entziehen, wodurch du deinem grenzenlosen Potenzial (und damit deiner grenzenlosen finanziellen Fülle) näher kommst.

Den Prozess kannst du in Scheinfelds Buch nachlesen. Ich möchte dir hier meine Variante vorstellen, denn ich habe es immer gerne (noch) einfacher.

Wir sehen somit jedes »schlechte« Gefühl, jedes Unwohlsein als Chance, als einen Hinweis darauf, dass irgendwo Energie in einer »falschen«, unerwünschten Kreation verborgen ist. Das ist einfach gesagt alles, was dich weniger als großartig fühlen lässt. Dein Unbehagen ist so gesehen wieder einmal ein Geschenk, und diese Methode kann dir sehr helfen, besonders, wenn du zu der Fraktion gehörst, die auch ihre miesen Gefühle nicht verleugnen, sondern aktiv umwandeln will. Ich hatte ja bereits gesagt, wie wichtig es ist, sich seinen Ängsten zu stellen, aber nun widmen wir uns dem ganz praktisch. Also, wann immer du dich unbehaglich fühlst, gehe beherzt in dieses Gefühl hinein, statt es loslassen, verdrängen oder überlagern zu wollen. Letzteres kann zwar kurzfristig Erleichterung verschaffen, doch bei tiefliegenden Kreationen ist »voller Angriff« eventuell Erfolg versprechender.

Die Übung: Es kommt ein ungutes Gefühl auf, und du verstärkst es sogar. Ja, du verstehst mich richtig: Es geht jetzt nicht darum, schnell wieder bessere Gefühle zu erschaffen, sondern richtig mutig in die Tiefe zu gehen. Dramatisiere das Gefühl, steigere dich richtig hinein, und hab keine Angst: In der Illusion kann dir nichts geschehen. Je stärker du das negative Gefühl aufrufen kannst, desto größer ist das Energiepotenzial, das du befreien kannst. Wenn du denkst, du kannst das Gefühl nicht mehr steigern, dann mache dir klar, dass dies nur eine Illusion ist, dass du all das nur erfunden hast, dass es nicht real ist. Bei finanziellen Ängsten zum Beispiel, mache dir klar, dass deine Schulden oder deine ungewisse Zukunft nicht real sind, denn das sind sie ohnehin nicht. Bekräftige stattdessen »Ich bin die unendlich machtvolle Schöpferin meiner Realität, und ich hole die Energie aus dieser Einschränkung JETZT heraus.

Mein wahres Wesen ist die grenzenlose finanzielle Fülle.« Verwende diese oder ähnliche Sätze, die sich für dich gut anfühlen, und SPÜRE, wie die Energie zu dir zurückfließt. Mache das, sooft ein entsprechendes Gefühl aufkommt, und wiederhole den Vorgang so lange, bis (für dieses Mal) alles getan ist, alle verfügbare Energie zurückgewonnen wurde. Du wirst (mit etwas Übung) bemerken, wie ermächtigend sich das anfühlt und wie du mehr und mehr in deine Kraft kommst. UND du wirst erfahren, wie sich die Dualität dadurch mehr und mehr auflöst, weil du nichts **ver**urteilst, nichts ablehnst, auch nicht deine unangenehmeren Gefühle, sondern alles integrierst, als Teil von dir, als deine Schöpfung.

Noch einmal im Schnelldurchlauf: Du spürst ein unangenehmes Gefühl. Identifiziere es, mache dir bewusst, welches Thema es betrifft (Beziehungen, Finanzen, Gesundheit etc.). Du verstärkst dieses Gefühl, so gut du kannst. Am Höhepunkt sprichst du die eigentliche Wahrheit über dich und deine Schöpfung aus, nämlich, dass die Begrenzung, der scheinbare Mangel nicht real ist und dass du als ultimative, machtvolle Schöpferin in Bezug auf das jeweilige Thema grenzenlos bist. Verwende dazu Sätze, die dir kraftvoll genug erscheinen, die wirkliche Wahrheit über dich als Gefühl hervorzurufen, und befiehl dann die Energie aus der entsprechenden Begrenzung zu dir zurück. Vor allem FÜHLE den Rückfluss der Energie. Wiederhole die Schritte ab dem Bestätigen deiner Schöpferkraft, so lange, bis du das Gefühl hast, dass es reicht.

Raus aus der Dualitätsfalle

Zum Abschluss möchte ich dir gerne noch ein paar Gedanken mitgeben, die dich hoffentlich endgültig aus der Dualitätsfalle herauskatapultieren. Immer wieder lese ich darüber, dass wir all unsere Gefühle, unsere »Schatten« akzeptieren müssen, unsere dunkle Seite annehmen und ausleben müssen. Das kann einerseits in die richtige Richtung führen, andererseits kann es genau in die ungewünschte Richtung gehen: Dann nämlich, wenn diese Attitüde (unbewusst) genutzt wird, um dich in der Illusion der Dualität und damit der Trennung festzuhalten. Bis zu einem gewissen Grad mag es richtig und wichtig sein, deinen Schatten, also alles Negative in dir, deinen Dämon auszuleben. Doch lasse dich von solchen Lehren nicht in die Irre führen, denn sie haben das Potenzial, dich zum Narren zu halten und dich von der Wahrheit über dich selbst fernzuhalten. Ab einem gewissen Punkt hast du es nicht mehr nötig, deine Dämonen rauszulassen – ganz einfach, weil da keine mehr sind. Und wenn es so weit ist, wieso solltest du dann weiterhin so tun, als wären welche da? Du bist Licht, Liebe, Freude, grenzenlose Schöpferkraft. Wieso solltest du so tun, als wärest du etwas anderes? Vielleicht, um besser dazu zu passen? Zu wem? Es ist ja keiner da außer dir. Vielleicht, um jemandem einen Gefallen zu tun und dich seinem niedrigeren Niveau anzupassen? Weshalb? Wieder ist da niemand außer dir selbst. Du hast vielleicht jemanden erschaffen, der noch nicht so weit wie du ist. Aber du hilfst niemandem, wenn du dein Licht dimmst. Wieso solltest du dein Licht vor dir selbst verstecken wollen, jetzt, wo du weißt, wie hell du strahlen kannst? Suche nicht krampfhaft nach Schatten, wo keine (mehr) sind, und lasse dir auch nicht einreden, dass da sehr wohl noch welche seien. Remember: Wer ist die einzige Macht in deinem Universum? Wer hat das Sagen? Siehst du? Also lasse dich nicht irritieren von solcherlei Schöpfungen, die versuchen, dir einzureden, Drama sei normal oder notwendig, nur weil sie selbst (noch) süchtig nach ihrem Drama sind. Du kreierst auch sie. Durchschaue das, und befreie dich komplett von der Illusion, du Supergöttin.

Zu guter Letzt möchte ich dir ein Kompliment machen. Merkst du, wie toll du all das erschaffen hast, deine scheinbare Begrenzung, deine »Realität«, deine Mitspieler, dein Haustier, dein Essen und den Teller darunter? Du bist der reine Wahnsinn, so genial, so detailreich, so komplex hast du all dies erdacht. Ich wünsche dir, dass du von nun an nie mehr vergessen wirst, dass all das du bist. Dass es niemanden gibt außer dir. WIR sind eine Illusion. Wir sind ein- und dasselbe.

So grüße ich dich und gleichzeitig mich – auf weitere wundervolle Schöpfungen und Erfahrungen in der Unendlichkeit!

Namasté
Deine Sonja

DAS ENDE DER DUALITÄT

Illusion is the first of all pleasures

Into the Flow –
Übungen, die dir helfen, dich göttlich zu fühlen

Wie ich dir ja bereits nahegelegt hatte, ist für dich auf deinem Weg nur gelebtes Wissen wirklich nützlich. Deshalb möchte ich noch drei Übungen mit dir teilen – zusätzlich zu denen, die ich dir weiter vorne schon genannt habe. Sie können dir helfen, mehr von der Schwingung auszusenden, die du aussenden möchtest, statt derjenigen, die die »Realität« nahelegt. Oder schlicht: Übungen, die dein Glücksempfinden drastisch verstärken können, wenn du sie anwendest!

Bubble of Bliss – Die Blase der Glückseligkeit

Dies ist ein Ritual, das ich sehr liebe, unter anderem deshalb, weil es mir hilft, einzuschlafen, meine Energie des Tages zu bereinigen – und ja, ich denke auch, sie begünstigt angenehme Träume! Du kannst sie so oft anwenden, wie du magst, auch gern mehrmals am Tag, zu jeder beliebigen Tageszeit, wann immer dir danach ist.

Dazu setzt oder legst du dich möglichst bequem hin, im Idealfall hast du ein sehr ruhiges Plätzchen für dich – wobei du diese Übung selbst in der Straßenbahn erfolgreich anwenden kannst, um dich besser zu fühlen. Dann schließt du deine Augen, nimmst ganz bewusst drei oder mehr tiefe Atemzüge, zentrierst all dein Bewusstsein, deine Aufmerksamkeit in dir, deinem Körper. Wenn du merkst, dass dein Puls und dein Atem ruhiger geworden sind, dann gehst du gedanklich durch deinen Körper – von oben nach unten oder umgekehrt – und spürst in dich hinein, wo noch Anspannung herrscht. Bei mir ist das oft der Nacken und/oder die Bauchmuskulatur. Dann entspanne diese Regionen ganz bewusst, lass locker.

Jetzt stellst du dir bitte eine schillernde Blase vor, die ungefähr auf Körpermitte vor dir schwebt. Sie könnte aussehen wie eine Seifenblase, sie könnte durchsichtig oder gefüllt sein, etwa mit heilendem Licht, mit Glitzernebel – nimm einfach wahr, wie deine Blase aussieht und welche Farbe sie hat. Wenn du ein spezielles Chakra ansprechen willst, kannst du deiner Blase auch gezielt die Farbe des Chakras geben. Diese Blase fängt nun langsam an, sich auszudehnen. Sie wird immer größer, bis sie dich einschließt. Dein gesamter physischer Körper, auch dein Energiekörper, befindet sich mittlerweile in dieser Blase. Es ist deine ganz private Blase, niemand hat Zutritt außer dir. Du bist darin sicher und geborgen.

Nun kommt der glückselige Teil: Denke jetzt an all die Worte, die beschreiben, wie du dich jetzt am liebsten fühlen möchtest, etwa entspannt. Stelle dir dazu das Wort »Entspannung« oder »entspannt« vor, und visualisiere, wie es ausgehend von deinem Herzen in deine Blase schwebt und sich dort auflöst. Die Energie von Entspannung hast du somit deiner Blase hinzugefügt. Tu das mit allen Begriffen, die die von dir in diesem Augenblick gewünschten Gefühle beschreiben, und spüre ihnen nach. Spüre die Entspannung, die Liebe, die Geborgenheit, die Glückseligkeit, die innere Ruhe, den Frieden ... Du kannst dir auch vorstellen, wie du beim Einatmen die universelle Energie um dich herum aufnimmst, sie dann durch die Kraft deiner Gedanken mit dem jeweiligen Begriff auflädst und sie beim Ausatmen in deine Blase einbringst.

Wenn du genug hast bzw. dich so fühlst, wie es deine Intention war, dann nimm noch mal drei (oder mehr) bewusste Atemzüge. Mach langsam die Augen wieder auf, und komme im Jetzt an. Sehr wirkungsvoll ist ab diesem Zeitpunkt auch, wenn du visualisierst, wie sich deine Blase ausdehnt, den Raum um dich herum, die Menschen, die eventuell bei dir sind, einschließt, sich so lange ausdehnt, bis du den ganzen Erdball mit in deiner Blase hast und alles Leben an deiner Glückseligkeit teilhaben lässt.

Diese kleine Übung lässt sich sehr schnell durchführen. Du brauchst in der Regel nur ein paar Minuten, um einen Effekt zu erzielen, aber wenn du einmal erfahren hast, wie effizient sie wirkt und wie fröhlich sie dich stimmt, dann wirst du sie wahrscheinlich gerne ausdehnen wollen. Mach das – alles, was dir guttut.

Die magische Zutat

Überraschung – es geht um Dankbarkeit! Ja, ich weiß, sehr wahrscheinlich bin ich nicht die Erste, die dir zur Steigerung der Bewusstheit und des Glücksempfindens mit dem Thema kommt – aber es ist halt so essenziell, dass ich dich gerne wieder und wieder daran erinnern mag.

Streng genommen ist das auch keine Übung, sondern eher eine generelle Geisteshaltung, die ich dir hier vorschlage, aber es bedarf der Übung, sich die fantastische, ja, geradezu magische Wirkung der Dankbarkeit immer wieder ins Bewusstsein zu holen, um davon zu profitieren und sich einfach nur gut zu fühlen. Wenn du dich in Dankbarkeit übst, dann tust du nichts anderes, als die Fülle und all das Gute in deinem Leben zu bekräftigen. Dein Fokus liegt dann auf dem, was funktioniert, auf dem, was wundervoll ist: auf der Sonnenseite des Lebens. Von der du (bei aller Dankbarkeit und Wertschätzung für die lehrreichen »dunkleren« Seiten) mehr haben willst, oder?

Ich übersetze ja Dankbarkeit lieber mit Wertschätzung oder Liebe, denn es ist dieselbe Schwingung. Die drei sind Synonyme und austauschbar. Nur haftet der Dankbarkeit oft ein fader Beigeschmack an, weil einige vielleicht in ihrer Kindheit und Jugend bereits Dinge zu hören bekommen haben wie »Sei gefälligst dankbar (dabei schwingt mit: denn eigentlich steht dir nichts Gutes zu, und wenn es doch zu dir kommt, dann zeig dich demütig)!« Dass uns beigebracht wird, wir sollen dankbar sein, geht oft mit der unausgesprochenen Vorannahme einher, dass es eine äußere Instanz gibt (im Zweifelsfall den missverstandenen und missinterpretierten »Gott«), die darüber entscheidet, wie viel Gutes du im Leben verdient hast – oder eben nicht. Doch dem ist nicht so. Wir alle haben stets das Beste verdient. Deshalb ist Wertschätzung einfach schöner zu gebrauchen, weil sie unbelasteter ist. Wenn ich etwas wertschätze oder liebe, dann liegt meine ungeteilte, liebevolle Aufmerksamkeit darauf. Und das ist natürlich automatisch Dankbarkeit oder dankbare Anerkennung. Wenn ich für etwas nicht dankbar bin, kann ich es wohl kaum lieben, oder wie ist das bei dir?

Was ich damit sagen will: Übe Wertschätzung, wann immer sich die Gelegenheit dazu bietet. Und sie bietet sich genau genommen ständig.

Mit der Dankbarkeit ist es nämlich so: Wir machen uns die Dinge und Menschen, die uns umgeben, oft einfach nicht BEWUSST und nutzen diese Bewusstheit dann, um aktiv Wertschätzung zu praktizieren. Ja, ich würde glatt sagen, jeder einzelne Moment, in dem wir nicht liebevoll und wertschätzend sind, ist eine vergebene Chance, Liebe zu praktizieren. Denn es ist immer beides vorhanden – das, wofür wir Wertschätzung empfinden können und dessen Abwesenheit. Es braucht etwas Training, auch in der vermeintlichen Abwesenheit dessen dankbar zu sein, was wir eigentlich haben oder erleben wollen – aber genau das unterscheidet eine Göttin oder gar Supergöttin vom MainstreamMäuschen.

Wertschätzung ist eine Frage des Fokus. Und das Maß, in dem du sie empfindest, bestimmt deine Gefühlslage. Je mehr Wertschätzung du empfindest und ausstrahlst, desto besser geht es dir. Erst gestern konnte ich das wieder prima üben. Wir, der Gott an meiner Seite und ich, waren zum Essen eingeladen. Eine Freundin von uns feierte die Einweihung ihres neuen Hauses. Es war direkt am Strand gelegen, ein wunderschönes Grundstück, einfach herrlich. Als der Abend voranschritt, brauchten wir Licht im Esszimmer. Leider bestand das vorhandene aus diesen grässlichen, bläulichen Energiesparlampen, die ein kaltes Licht abgeben und in meinem Empfinden eine sehr ungemütliche Atmosphäre schaffen. Kerzenschein oder eine warme elektrische Beleuchtung wäre so viel schöner gewesen. Aber um meiner Freundin kein schlechtes Gefühl zu geben, habe ich meine Meinung für mich behalten und das bewusste Lenken meines Fokus trainiert. Ich hatte die Wahl: Wollte ich mich auf das ungemütliche Ambiente konzentrieren, mir davon den Abend verderben lassen und mit herunterhängenden Mundwinkeln eine noch ungemütlichere Stimmung verbreiten, oder wollte ich mich stattdessen auf die anderen Anwesenden konzentrieren, auf ihr Lächeln, die Gespräche, auf ihre Geschichten und eventuell etwas von ihnen lernen sowie sehen, was ich inspiriert war, zu dem Abend beizutragen. Du kannst dir sicher schon denken, dass ich mich für Letzteres entschied. Der Abend war lustig und entspannt, das Essen lecker und mit der Wahrnehmung auf all dem, was gelungen und schön war, fiel mir das Licht fast gar nicht mehr auf. Am Ende wurden noch rege Telefonnummern und E-Mail-Adressen ausgetauscht, und wir hatten nette, interessante neue Leute kennengelernt. Fazit: Lenken wir unseren Fokus auf das, was wir wertschätzen (können), dann fühlen wir uns nicht nur besser, sondern wir sind auch offener für unser Umfeld, für die guten Energien. Und wer weiß in dem Moment schon, was sich aus solch einer Haltung noch so alles Schönes ergeben kann.

Dankbarkeit ist der Multiplikator schlechthin. Nutze diese ungeheure Kraft, indem du immer und immer wieder in die Wertschätzung gehst. Und mach dir dabei bewusst, dass du gerade die Eigenschaften, Begebenheiten und Dinge in deinem Leben verstärkst/multiplizierst, für die du dankbar bist. Das funktioniert mit den tollen Charaktereigenschaften von Menschen genauso wie mit materiellen Dingen wie Geld.

Transparenz

Alles ist Energie. Das haben wir ja bereits geklärt. Sie ist überall um uns herum und in uns – und je nach Stimmungslage klinken wir uns permanent in diese Energie ein. Sind wir selbst fröhlich, empfangen wir einen fröhlichen »Radiosender« (positive Energien). Sind wir selbst nicht so prima drauf, haben wir unseren Empfang auf »schlechte« Nachrichten eingestellt. Wichtig ist mir hierbei, dir mitzugeben, dass das, was in deinem hübschen Köpfchen so vor sich geht, gar nicht deines sein muss. Wir schnappen Schwingungen von anderen auf. Von Personen, mit denen wir uns umgeben oder auch ganz allgemein aus dem Äther. Wenn dir der Begriff Channeling etwas sagt: So ähnlich kannst du es dir vorstellen. Nur, dass du nicht unbedingt ein nichtphysisches Wesen channelst und dessen Gedanken/Eingebungen empfängst, sondern Gedankenfetzen und/oder Gefühle, die um dich herum vorhanden sind. In Wahrheit channeln wir permanent – das Gehirn ist nur der Verarbeitungsapparat für die omnipräsenten Informationen um uns herum. So kann es vorkommen, dass du dich unbehaglich fühlst, dich etwa an einem bestimmten Ort nicht wohlfühlst. Dann hat das nicht unbedingt damit zu tun, dass du gerade deine Stimmungslage schlecht im Griff hast, sondern du hast eventuell etwas aufgeschnappt, was nicht deines ist. Da alles Energie ist, kann es vorkommen, dass sie sich an bestimmten Orten sammelt und wir uns dann mit »normalen« Gedankengängen nicht erklären können, wo unser Unbehagen (oder unsere Freude) herkommt.

Eine Klientin von mir schnappte regelmäßig die Energien von anderen auf, sogar aus dem Kollektiv (was streng genommen dasselbe ist). Sie hatte teilweise regelrecht physische Schmerzen, weil sie die störenden Energien als ihre eigenen annahm und sie sozusagen stellvertretend (für den Verursacher/das Kollektiv) durchlitt. Das kann man machen und die Energien transformieren – muss man aber nicht. Mach dir also bitte erstens bewusst, dass nicht alles, was du empfindest, deines sein muss – das reicht oft schon, um diese Energien loslassen zu können. Zweitens kannst du, nachdem du erkannt hast, dass du eventuell etwas aufgeschnappt hast, was dich nicht so gut fühlen lässt, es einfach durch dich durchziehen lassen. Mache dich transparent. Unterhalte diese Schwingung nicht in dir, durchleide nichts, sondern lasse sie einfach durch dich durchfließen. Erst die Identifikation mit dem (störenden) Gefühl macht es zu einem Teil von dir. Wenn du aber beim besten Willen die Ursache nicht feststellen kannst, weil nichts passiert ist, was dieses Gefühl verursacht haben könnte, dann ist es sehr wahrscheinlich nichts, was dir entspringt, und du kannst es ziehen lassen.

Meiner Klientin hat es ungemein geholfen, sich bewusst zu machen, dass sie nicht für alles verantwortlich ist, was sie empfindet – sehr wohl aber dafür, wie sie damit umgeht bzw. ob sie es behalten und durchleben oder einfach ziehen lassen will. Die hohe Schule der

Transparenz bedeutet, dass du zusätzlich zum Ziehen-Lassen die entsprechende Energie transformierst oder erlöst. Dazu kannst du sie beispielsweise visualisieren und in Liebe auflösen. Die als störend empfundene Energie mag dir dabei wie ein dunkler Schatten erscheinen, den du so lange geistig mit Licht bestrahlst, bis dieser sich vollkommen aufgelöst hat. Natürlich sind das alles Konstrukte, aber solcherlei Übungen helfen einfach wunderbar, bewusster im Umgang mit deinen Gefühlen zu werden.

Also: Du erkennst »fremde« Gefühle bzw. Gedankengänge daran, dass sie bei näherer Untersuchung keine Ursache haben, die aus dir selbst stammt oder aus Erlebnissen, die du hattest. Du brauchst dazu auch nicht in »frühere Leben« zurückzugehen oder andere Experimente anstellen – es findet immer alles jetzt statt. Das Gefühl taucht jetzt auf, egal, woher die Ursache kommt und wann sie zum ersten Mal auftrat. Und du kannst es jetzt bearbeiten – oder dich eben durchlässig dafür machen, es nicht weiter bei dir behalten bzw. transformieren.

Vorsicht Falle!
Von der Krux beim Lesen hoch schwingender Bücher

Nein, ich hab hier keine Falle eingebaut, und möchte auch nicht den berühmten Teufel an die Wand malen. Ich habe nur (an mir selbst und auch meinen Lesern/Leserinnen) etwas festgestellt, wofür ich dich sensibilisieren möchte.

Nehmen wir an, jemand liest ein Buch, um sein Leben zu verbessern oder eine angenehmere Stimmung in sich zu erzeugen – klassische Selbsthilfe-Literatur wie diese hier. Dann liegt es in der Natur der Sache, dass die Leserin/der Leser ihre/seine Befindlichkeit bzw. ihr/sein Leben dadurch zu verbessern hofft. Sonst würde er/sie so ein Buch ja nicht lesen. Dieser Effekt ist natürlich auch möglich, sofern er/sie sich an die Anwendung des erworbenen Wissens heranmacht. Solche Bücher werden nur zu dem Zweck geschrieben, um dem geneigten Leser hilfreiche Einsichten zu vermitteln und im besten Fall noch bereits während der Lektüre positive Gefühle zu vermitteln. Dabei überträgt sich beim Lesen der Wissensstand, aber auch das Bewusstsein, der Bewusstseinsgrad des Autors auf den Leser, was eine tolle Sache und durchaus gewollt ist. Worauf ich hinaus möchte: Gegebenenfalls hat der Leser zum Zeitpunkt der (Erst-)Lektüre ein niedrigeres Schwingungsniveau als der Autor – natürlich ganz wertfrei betrachtet.

Was ich oft bei mir beobachtet habe – und wie gesagt auch bei meinen Lesern –, ist der WOW-Effekt, den einige Bücher auslösen können. Der Effekt ist natürlich von Person zu Person ganz verschieden und kann auch ausbleiben. So kann jemand nach dem Lesen eines solchen Buches wahre Höhenflüge, ein richtiges High erleben, nicht nur, weil die Informationen zu einer Art geistigem Durchbruch geführt haben, sondern eben auch und vor allem wegen der Liebe (des Bewusstseins), die ein Autor überträgt. So sind manche Leser/Leserinnen auf einem emotionalen Höhenflug, beschwingt, glücklich, sie schweben wie auf Wolken durchs Leben, fühlen sich klar, leicht, unbesiegbar und möglicherweise sogar erleuchtet. Das ist genial – und das soll auch so sein.

Nur kommt dann oft (nicht immer) ein herber »Rückschlag«, wenn die Wirkung des Lesens verblasst, die Lektüre schon länger zurückliegt und nicht aufgefrischt wird bzw. das Wissen nicht aktiv umgesetzt wird. Vergleichbar mit einem Film, der einen ebenfalls traurig machen, aufputschen, energetisieren oder ängstigen kann, ist die Wirkung eines Buches unmittelbar nach dem Lesen am intensivsten und wird dann natürlicherweise abflachen.

Was sich dahinter verbirgt, ist ein simpler Mechanismus, doch wenn man ihn einmal durchschaut hat, ist das Wissen um ihn sehr wertvoll. Fälschlicherweise könnte der Leser nämlich meinen oder hoffen, dieser wundervolle Effekt, die schönen Gefühle, ausgelöst durch die Energieübertragung des Autors, seien nun »seine«. Das ist einerseits richtig, weil der Leser diese schließlich empfindet, doch um eine dauerhafte Veränderung zu erfahren, muss mit dem Stoff intensiv gearbeitet werden. Er muss im täglichen Leben Anwendung finden, damit sich das Bewusstsein des Lesers dauerhaft auf das des Autors (oder sogar darüber hinaus) erhebt und ausdehnt. Nach dem erstmaligen Lesen ist es eher so, dass der Leser vom Bewusstsein des Autors »angesteckt« ist, dieses Bewusstsein sich aber eben im Leser noch nicht gefestigt hat. Daher besteht eine gewisse »Gefahr«, dieses Be-

VORSICHT FALLE

wusstsein, die guten Gefühle nicht dauerhaft »oben« halten zu können. Das energetische »Fallen« kann daraufhin ein enttäuschendes Erlebnis darstellen, und der Leser mag sich als unfähig empfinden, seine Befindlichkeit bewusst zu steuern.

Dazu sei gesagt: Auch Supergöttinnen ist es erlaubt, schlechte Tage zu haben. Es ist nicht jeder Tag gleich. Und wenn du mitten in einem Prozess steckst, ist es normal und gut, wenn sich Themen zeigen, die angeschaut und aufgelöst werden wollen. Erinnere dich: Als Supergöttin siehst du jeden scheinbaren Rückschlag, jeden »schlechten« Tag als ein Geschenk, eine Chance, dir anzuschauen, wo etwas noch nicht so rund läuft, noch nicht so ist, wie du es gern hättest, bzw. wo noch Energie verborgen liegt, die du somit befreien kannst. Alles ist gut. Du musst nicht den Anspruch an dich stellen, von nun an ausschließlich hoch schwingend und fröhlich vor dich hin trällernd durchs Leben zu schweben. Ein solcher Anspruch stellt eine (zu hohe) Erwartungshaltung an dich selbst dar und kann unnötigen Stress in dir auslösen.

Entspanne dich, und gib dir die Zeit, dich allmählich an das Bewusstsein anzugleichen, das du erreichen willst. Das muss nicht von heute auf morgen passieren. Je sanfter und rücksichtsvoller du in dem Prozess mit dir selbst umgehst, desto stärker wird deine Selbstliebe wachsen und damit dein Liebesempfinden ganz allgemein. Und hey – es ist schon einmal eine reife Leistung, dass du dich überhaupt auf dem Weg der Bewusstseinserweiterung befindest. Es ist das schönste Geschenk, was du dir selbst machen kannst, also lass dich selbst vom Haken, und erlebe alles ganz gemächlich, ganz bewusst, und sei weder enttäuscht, wenn du mal in dein »altes« Bewusstsein zurückfällst, noch mach dir Vorwürfe deswegen. So gelangst du ganz entspannt zur Supergöttin in dir. Ehe du dichs versiehst, bist du da, wo du hinwillst. Und du wirst verzückt feststellen, dass du eigentlich immer schon da warst. Alles, was nötig war, war die Liebe zu dir selbst und die Erweiterung deines Bewusstseins bzw. die Wiederentdeckung deines Schöpferbewusstseins, das ehemals Begrenzung erfahren hatte.

*»Deine Aufgabe ist nicht,
nach der Liebe zu suchen,
sondern nach den Barrieren in dir selbst,
die du gegen sie errichtet hast.«*

frei nach Rumi

Zusatzkapitel:
Du bist bereits erleuchtet

Erleuchtung – was macht dieses Wort mit dir? Steckt es am Ende in einer Schublade, in die es gar nicht hineingehört? Der Zustand der Erleuchtung ist ja immer noch mysteriös und von Geheimnissen umrankt. Einige machen ein Tamtam darum, als sei er erstens nur einigen Auserwählten vorbehalten und zweitens selbst für diese Menschen sehr schwer zu erreichen. Mit diesen Mythen möchte ich gerne aufräumen. Deshalb erfährst du in diesem Kapitel, dass du bereits erleuchtet bist, woran du dies festmachen kannst und wie du andere erleuchtete Seelen identifizieren kannst.

Ich versuche dafür einmal, etwas in Worte zu fassen, was eigentlich nicht beschrieben werden kann – und so sollte es auch sein, denn der Zustand, nach dem wir uns alle mehr oder weniger bewusst sehnen, kann nur schwer in Worte gefasst werden. Er ist noch vor den Worten. Ja, selbst vor dem Sein. (Dauerhafte) Erleuchtung ist der Zustand von BLISS (Glückseligkeit). Dies fühlt sich an wie Frieden, Harmonie, Glück, Zufriedenheit, Wohlergehen, Liebe, Einheit, Freiheit ... In diesem Zustand ruhst du vollkommen in dir. Einerseits ist dies ein sehr friedlicher und andererseits ein ekstatischer Zustand – wie gesagt: unbeschreiblich. Du bist mit dir und der Welt im Reinen, du hast nicht den Wunsch, etwas oder jemanden zu verändern. Du BIST ... Liebe ... bedingungslose Liebe ... reine Freude. In diesem Zustand, wenn du nicht nur weißt, sondern spürst, dass alles eins ist, wäre es dir unmöglich, Streitigkeiten auszutragen, andere schlecht zu behandeln, sie zu verurteilen oder dir selbst eine solche Behandlung gefallen zu lassen. Auch, weil du weißt: Es gibt keine anderen.

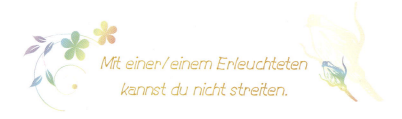

Mit einer/einem Erleuchteten kannst du nicht streiten.

In einer Welt mit (überwiegend) erleuchteten Menschen kann es keinen Krieg geben. Deshalb ist mir daran gelegen, so vielen Menschen wie möglich dauerhaft in diesen Zustand zu verhelfen, denn ich wünsche mir eine Welt, die wir mit gutem Gewissen unseren Kindern und Kindeskindern hinterlassen können. Und dies ist unter anderem (m)ein Beitrag dazu. Warum ich mir Frieden wünsche, wo sich doch jemand Erleuchtetes eigentlich gar nichts mehr wünscht, das liest du weiter unten.

Ich behaupte: Wir alle wünschen uns Erleuchtung.

Erleuchtung ist der Zustand, den wir (unbewusst) anstreben – aber eben aus dieser Unbewusstheit heraus oft versuchen, durch äußere Faktoren (Bestätigung durch Beziehungen, Karriere etc.) zu erzwingen. Wir suchen nach etwas außerhalb unserer selbst, wo es doch nur IN uns zu finden ist. BLISS, Glückseligkeit, ist das, wonach wir streben, denn wir spüren, dass wir genau das sind: bedingungslose Liebe, die Essenz allen Seins, der Kosmos selbst, ein untrennbarer Teil von AllemWasIst. Diese gefühlte Trennung, die Illusion von Trennung, ist das, was unseren Schmerz als Menschen ausmacht. Und wenn wir erkennen, wer wir wirklich sind, nämlich unendlich geliebte göttliche Funken, dann sind wir wieder wir selbst, dann haben wir die Trennung durchschaut und befinden uns wieder dort, wo wir herkommen – im Flow der Liebe und der Glückseligkeit.

ZUSATZKAPITEL

Dieses Kapitel habe ich geschrieben, um dir bei der Orientierung zu helfen, was Erleuchtung eigentlich ist und wie weit du auf deinem Pfad dorthin bereits vorangekommen bist. Du BIST auf diesem Pfad – ob es dir bewusst ist oder nicht. Denn: Wir alle sind es (früher oder später), und du würdest dieses Buch sonst nicht lesen (Gesetz der Anziehung).

Woran du Erleuchtung erkennen kannst

Erleuchtet bist du meiner Meinung nach dann, wenn du aus dem (manipulierten) Massenbewusstsein erwacht bist, die essenziellen Fragen des Lebens gestellt und angefangen hast, dir ein neues, eigenes Weltbild zu erschaffen. Außerdem ist das Merkmal eines erleuchteten Wesens, dass es ein erweitertes Bewusstsein hat – weg vom Ego- bzw. Gruppenbewusstsein, hin zu einem globalen und gar universalen Bewusstsein.

Ein Erleuchteter weiß, dass das »Ich« eine Illusion ist und dass alles mit allem verbunden ist. Wichtig ist auch noch, zu wissen:

Egal, wie erleuchtet jemand tun mag – wenn die »Erleuchtung« nicht mit Liebe und Mitgefühl gegenüber ALLEN Wesen einhergeht, ist es keine Erleuchtung.

Erleuchtung ist das Erkennen der eigenen Nicht-Existenz. Erstens, weil wir alle eins sind, also »du« im Sinne von einem einzelnen Wesen nicht existierst und auf einer anderen Ebene tatsächlich nicht bist. Das Nichts ermöglicht dem Etwas, zu sein. Deshalb bist du – und du bist auch nicht.

Die Stadien auf dem Weg zur Erleuchtung

In meinem Weltbild hat die Erleuchtung verschiedene Stadien. Nur wenige Menschen sind auf einen Schlag erleuchtet. Dir geht nicht etwa mit einem Knopfdruck das Licht an, und du rennst plötzlich mit einem Dauergrinsen und einem Heiligenschein auf dem Kopf herum.

Da ist erst einmal das Stadium des Erwachens, in dem Fragen gestellt werden und Antworten in dein Bewusstsein strömen. Das Individuum beginnt, zu begreifen, was auf dem Planeten und im Universum wirklich los ist. Dieses neue Weltbild existiert eine Zeit lang parallel zum alten. Während dieser Phase ist man sich noch nicht ganz sicher, was man nun glauben soll. Irgendwann kommt der Punkt, an dem man das erworbene Wissen um Spiritualität und um den Aufbau des Kosmos nicht mehr als Konzept versteht. Stattdessen hat man eine Art Erleben/Einsicht/Initialerleuchtung und WEISS, dass man auf dem »richtigen« Pfad ist.

In der Regel ist Erleuchtung ein Prozess

Erleuchtung ist ein inneres Empfinden. Du WEISST es dann einfach, das kann dir niemand von »außen« geben. Und auch, wenn du alles verstanden hast, wirst du es dann erst fühlen, wenn es so weit ist. Nach der (Initial-)Erleuchtung kommt meist noch eine Phase, in der man immer wieder vom erleuchteten Bewusstseinszustand in weniger erleuchtete Zustände zurückfällt und noch alte EgoMuster auslebt, bis auch diese erlöst sind. So ist die Erreichung der dauerhaften Erleuchtung ein Prozess. Es ist der Weg der Meisterschaft. Und erst, wenn du quasi nicht mehr aus der Liebe herausfliegst, dich nichts mehr (dauerhaft) aus deiner Mitte bringen kann, dann hast du die Erleuchtung gemeistert.

Erleuchtung und Meisterschaft

Du bist dann ein erleuchteter Meister, wobei »Meisterschaft« sich auch darauf beziehen kann, dass jemand wirklich volle Kontrolle nicht nur über seinen Bewusstseinszustand erlangt hat, sondern auch über all seine Lebensbereiche (Beziehungen, Fülle, Heilsein ...). Das Wort »Kontrolle« kann hier jedoch irreführen – es ist vielmehr ein Zulassen deines natürlichen Zustands, denn du bist bereits erleuchtet. Im Leben als Mensch geht es eher darum, die Zwiebelschichten abzupellen, die dir die Erfahrung der Illusion erlauben und dir vermitteln wollen, dass du nicht erleuchtet seiest. Sie liegen quasi um deinen erleuchteten Kern herum, und je mehr du dein wahres Sein (bedingungslose Liebe) zulässt, desto mehr von DIR scheint durch und desto näher kommst du der Erleuchtung. Als erleuchtetes Wesen hast du auch kein Interesse daran, andere zu kritisieren, herabzusetzen oder verändern zu wollen. Du bist frei von Konkurrenzdenken und Neid.

Erleuchtet zu sein bedeutet nicht, keine negativen Gefühle mehr empfinden zu können. Du kannst aber erstens besser damit umgehen, wirst zweitens nicht so schnell von ihnen in Besitz genommen, und drittens beherrschst du deine Gefühle – und nicht anders herum. Negative Empfindungen können dein Gefühlsmeer nicht mehr zu meterhohen Wellen aufwühlen, sondern sie verhalten sich eher wie kleine Wellen, die kommen und wieder gehen, ohne zu großen Dramen auszuufern. Das Meer selbst ist ruhig und still, tiefgründig und mysteriös unter seiner Oberfläche.

Immer locker bleiben!

Ach ja und erleuchtete Wesen nehmen alles mit der gewissen Prise Humor – und sich selbst können sie schon gar nicht allzu ernst nehmen! Daran erkennst du andere Erleuchtete: Du wirst es einerseits einfach wissen (man erkennt sich) und du wirst es anhand der eben beschriebenen Merkmale ausmachen können. Und wenn du erleuchtet bist, dann ist dir auch relativ egal, auf welchem Bewusstseinszustand »jemand anderes« schwebt – denn du weißt, dass ultimativ alles gut ist und das Endergebnis eh schon feststeht.

Trotzdem kann es sein, dass du ein reges (nicht missionarisches) Interesse daran hast, anderen beim Aufwachen und auf dem Weg der Meisterschaft zur Seite zu stehen, denn du weißt:

»Niemand ist wahrhaft erleuchtet, solange noch irgendein Wesen irgendwo im Universum schläft.«

frei nach Buddha

Und wenn du DEN jetzt verstanden hast, dann bist DU erleuchtet! ;)

Checkliste auf dem Weg zur Supergöttin:
21 Zeichen dafür, dass du bereits ganz gut unterwegs bist

1. Du merkst, wie deine Bereitschaft, dich so anzunehmen, wie du bist, von Tag zu Tag wächst. Und wenn dir das einmal nicht gelingen sollte, wirst du weniger dazu neigen, dich dafür zu verurteilen.

2. Die Stimme in deinem Inneren ist für dich deutlicher hörbar als früher, und du vertraust ihr und ziehst sie zurate. Zusätzlich wirst du immer unabhängiger von der Meinung anderer und bildest dir deine eigene.

3. Deine Bereitschaft, (schlecht) über andere zu reden, wird schwächer, oder sie verschwindet ganz. Deine hohe Empathie verleitet dich eher dazu, zu versuchen, die anderen zu verstehen, statt sie in Schubladen stecken zu wollen, wie es das Ego gern hätte.

4. Du wirst immer besser darin, deine Befindlichkeit selbst zu bestimmen – ganz egal, was um dich herum auch passiert. Du gewinnst Souveränität im Umgang mit der Illusion (Realität).

5. Dein Hauptinteresse besteht darin, dich gut zu fühlen, Liebe auszustrahlen, und du hast im Gegensatz zu früher weniger oder gar keine Gewissensbisse, wenn du dich gut um dich selbst kümmerst.

6. Dir ist inzwischen klar, dass du daseinsberechtigt bist, einfach, weil du existierst, und du weißt auch, dass du niemandem etwas beweisen musst. Auch nicht dir selbst.

7. Deine Intuition berät dich gut, und du hast ein Gefühl dafür bekommen, warum Menschen handeln, wie sie eben handeln – und zwar stets aus ihrer besten Option. Dasselbe gilt für dich, deswegen neigst du nicht mehr dazu, dich für vergangenes Handeln, Denken etc. zu verurteilen – du gibst dir einfach jetzt eine neue Chance.

8. Mehr denn je bist du in der Lage, zu deiner Wahrheit zu stehen, und du möchtest ein vollkommen authentisches Leben führen. Du neigst weder dazu, dir in die eigene Tasche zu lügen, noch andere mutwillig anzuschwindeln.

9. Du bist nicht mehr geneigt, dich mit weniger zufriedenzugeben, als du tatsächlich willst. Das schließt einen gesunden Selbstrespekt mit ein und bedeutet nicht, dass du unzufrieden wärst, sondern dass du schätzt, was du hast, und trotzdem nach der Verwirklichung deiner Herzenswünsche strebst.

10. Du erlebst scheinbar unerklärliche Anflüge von Glückseligkeit und Zufriedenheit. Einfach so, weil das deine wahre Natur ist, die immer mehr durchscheint und sich Bahn bricht.

CHECKLISTE

11. Da du das Spiel des Lebens durchschaut hast, gibt es nichts, was dich noch großartig ängstigen oder emotional zurückwerfen könnte. Es mögen noch ein paar Themen hochkommen, aber wenn du sie bearbeitet hast, dann war es das, und du wirst mehr und mehr Leichtigkeit in deinem Leben spüren.

12. Du verschwendest deine wertvolle Zeit nicht länger mit Nichtigkeiten, wie zum Beispiel, dich über Staus oder andere Dinge aufzuregen, die du (jetzt gerade) nicht ändern kannst. Es ist, wie es ist, und dir fällt immer etwas dazu ein, wie du aus jeder Situation das Beste, Lehrreichste herausholen kannst.

13. Du stellst zunehmend fest, dass dein Fokus darauf liegt, was du willst, statt darauf, was du nicht willst. Du wirst souveräner und selbstbewusster im Erschaffen deiner eigenen Realität. Das, was du nicht willst, dient dir als Kontrast, um angemessen zu handeln bzw. dich dem zuzuwenden, was im Bereich deiner Vision(en) liegt.

14. Du entspannst dich mehr und mehr und übergibst das Ruder vertrauensvoll und immer öfter der Supergöttin in dir. Dein Geduldslevel und deine Zuversicht haben sich erhöht, und du fließt vertrauensvoll mit dem Fluss des Lebens.

15. Deine Stimmung hat sich merklich verbessert. Vielleicht fangen schon Leute an, dich zu fragen, wie du das machst, ob etwas Bestimmtes passiert ist, oder »was du genommen hast«.

16. Du bist nicht mehr versucht, in negativen Gefühlen zu baden. Diese Gewohnheit hast du durchbrochen, weil sie von dir als unnötig und nicht zielführend erkannt wurde.

17. Wenn du dich unbehaglich fühlst, bist du nicht traurig oder genervt davon wie früher vielleicht, sondern du siehst darin die Gelegenheit, einen Schatz zu heben, die gute Energie zu dir zurückzuholen und sie für neue Kreationen verfügbar zu machen.

18. Du hast die Dualität überwunden und siehst den Zusammenhang zwischen allen Dingen und den großen Dienst, den sie dir erwiesen hat – nämlich die Wahrheit über deine Göttlichkeit herauszufinden.

19. Eigenverantwortung zu leben, macht dir großen Spaß, und du bist dabei, in allen Bereichen deines Lebens aufzuräumen und Leichtigkeit sowie Raum zu schaffen – physisch und emotional.

20. Es strömen mehr und mehr Gleichgesinnte in dein Leben, mit denen du dich austauschen kannst und die so ticken wie du. Ihr werdet euch gegenseitig auf eurem Weg unterstützen, und du wirst mehr und mehr spüren, wie sehr alles, wie sehr WIR alle verbunden sind.

21. Du weißt, du bist nicht »eins mit dem Schöpfer«. Du bist der Schöpfer, die Schöpferin.

Anhang:
Bewusstseinsstufen und kognitive Dissonanz

Da es im Göttinnenprinzip vor allem darum geht, den individuellen Grad der Bewusstheit zu steigern, möchte ich diesen Anhang mit dir teilen, der die verschiedenen Bewusstseinsstufen beschreibt, die natürlich nur als Anhaltspunkt dienen. Sie können auch ineinanderfließen, sich vermischen, aber mit hoher Wahrscheinlichkeit nur mit den jeweils direkt benachbarten Stufen. Du wirst sehen, dass das »Vernageltsein«, die Borniertheit des Individuums und damit auch das Erleben bzw. die Intensität der kognitiven Dissonanz[6] graduell abnehmen, je weiter sich das Bewusstsein entwickelt.

Die KD habe ich deshalb mit aufgenommen, weil sie eine aus meiner Sicht wichtige Hürde auf dem Weg zur Bewusstseinserweiterung darstellt. Der Mensch versucht naturgemäß, diesen unangenehmen Zustand (der KD) zu vermeiden, was dazu führt, dass man neuen Ideen oder neuem Wissen gegenüber nicht aufgeschlossen ist bzw. gern alles beim Alten belassen möchte, oder sich gar vor Neuem fürchtet. Das kann für die persönliche Entwicklung sehr hinderlich sein, aber wie du siehst, nimmt das Erleben der KD mit erhöhtem, erweitertem Bewusstsein immer mehr ab. Es wird also immer leichter für dich.

---

6 hier mit KD abgekürzt: Kognitive Dissonanz bezeichnet einen als unangenehm empfundenen Gefühlszustand, der entsteht, wenn ein Mensch vorübergehend mehrere Wahrnehmungen, Gedanken, Meinungen, Einstellungen, Wünsche oder Absichten hat, die nicht miteinander vereinbar sind.

Die Bewusstseinsstufen

Ich-Bewusstsein

- im »Säuglingsstadium«
- beinhaltet die Sicherung des Überlebens, das Ego, die Angst, die Identifikation mit dem Körper, diverse Anhaftungen
- Viele Menschen erweitern ihr Bewusstsein zeitlebens nie über dieses Stadium hinaus.
- bedeutet Trennung
- steht anderen skeptisch gegenüber und versucht beständig, seinen Vorteil zu sichern, auch wenn das für andere einen Nachteil bedeutet
- beinhaltet den starken Drang, sich zu rechtfertigen und zu verteidigen
- Auf dieser Stufe ist die KD sehr stark ausgeprägt, wogegen das Ego starke Vermeidungsstrategien anwendet.

Gruppenbewusstsein

- auch: »Kegelvereins-Bewusstsein«
- schließt nahestehende Menschen mit ein wie Freunde, Familie, Kegelverein, Fußballverein, Partei etc.
- bezieht sich auf die ausgewählte Gruppe oder auch nur auf ausgewählte Menschen und schließt andere Gesinnungen oder andere »Vereine« aus
- beinhaltet die Identifizierung mit der Gruppe und schließt eine Abhängigkeit davon ein, von dieser anerkannt zu sein
- beinhaltet den starken Drang, sich oder die Gruppe gegen vermeintliche Gefahren oder Ungerechtigkeiten zu verteidigen
- Es ist wichtig, was die Gruppe über einen denkt.

- Auch auf dieser Stufe ist die KD noch immer stark ausgeprägt, allerdings ist man schon etwas offener für neue Gedankengänge.

Kollektivbewusstsein
- schließt das Menschheitskollektiv ein
- ist geprägt von Empathie
- Auf dieser Stufe unterliegt der Mensch immer noch Anhaftungen, kann aber bereits abstrakter und in größeren Zusammenhängen denken.
- ist identifiziert mit der Menschheit und oft darauf angewiesen, eine »wertvolle Rolle« im Gesamtgeschehen zu spielen
- Die KD ist in diesem Bewusstsein bereits sanfter im Verlauf.
- Hier erwägt man bereits Dinge, über die man früher nicht mal im Traum nachgedacht hätte.

Globalbewusstsein
- schließt den Planeten und dessen Wohlergehen in alle Überlegungen mit ein wie Tiere, Umweltschutz etc.
- kann aber auch ausarten und wiederum andere Gesinnungen verurteilen
- Evtl. fehlt hier die echte, umfassende Empathie, die Übergänge sind fließend.
- Der Mensch ist in diesem Bewusstsein noch erdgebunden und hat Angst vor Verlust und Tod.
- beinhaltet die Verbundenheit mit dem Globus und allem Leben darauf und den Impuls, dieses zu schützen
- Die KD ist in diesem Bewusstsein bereits eher sanft im Verlauf.
- Das größte Wegstück ist geschafft, und die Offenheit ist groß, über neue Gedanken und Konzepte nachzudenken, und man kann bereits sehr frei entscheiden, was man davon ins eigene Weltbild integrieren will und was nicht.
- Der Drang zu verurteilen hat bereits stark abgenommen.

Universalbewusstsein

- sieht das größere Gesamtbild
- blickt hinter die Kulissen
- denkt global statt regional
- erwägt ein Leben im Kosmos
- ist offen für neue Ideen
- denkt kosmisch und weiß, dass es nichts weiß
- ist so gut wie 100 % frei von Anhaftungen und Angst vor dem Tod
- besitzt ein Einheitsgefühl
- ist nicht mehr erdgebunden
- Die KD ist so gut wie nicht mehr existent.
- Das Individuum hat an Neugier dazugewonnen und kann sich andere/neue Weltbilder vollkommen vorurteilsfrei ansehen.
- ist von der Meinung anderer unabhängig
- hat kein Interesse an Rechtfertigungen irgendwelcher Art

Meisterbewusstsein/Erleuchtungsbewusstsein

- ist frei von jeglicher Identifikation
- fließt
- ist nichts und niemandem verhaftet
- ist Bliss
- mag trotzdem eine irdische Aufgabe übernehmen, aber nicht getrieben von irgendetwas, sondern vom reinen Dienst im Spiel von Werden und Vergehen nach freier Entscheidung
- sieht alles spielerisch
- weiß, dass nichts wirklich ist
- hat die Illusion längst durchschaut
- Die KD ist nicht mehr existent.
- Eine gewisse Leichtigkeit und eine ganz bestimmte Art von Humor und Empathie gegenüber allem haben sich eingestellt.

- verweilt in der Gewissheit, dass die letzte Wahrheit Liebe ist und daher alles perfekt ist, wie es eben ist
- keinerlei Interesse daran, an Dramen zu partizipieren oder irgendetwas bzw. irgendjemanden zu verurteilen
- ist happy, heiter und gelassen und vollkommen unverhaftet
- ist schnurzpiepegal, wie andere von ihm denken
- weiß, dass es eigentlich nichts weiß und auch nicht alles wissen kann
- fühlt sich gleichermaßen wertvoll und demütig
- genießt die Lebenserfahrung und bewundert die Schöpfung
- kriegt auch mal feuchte Augen bei der Betrachtung von Naturschauspielen wie etwa einem schönen Sonnenuntergang
- fühlt sich zutiefst verbunden mit AllemWasIst

Schöpferbewusstsein

- ist der reinste, hoch schwingendste Bewusstseinszustand, der mir bekannt ist
- beschreibt ein Wesen, das diese Stufe erreicht hat
- ist bei der Gewissheit angelangt, dass es selbst der Schöpfer/ die Schöpferin ist, und das meine ich nicht in Bezug auf das »Ich«, das seine Welt gestaltet, sondern wirklich und wahrhaftig die ultimative Schöpferperspektive, aus der der Schöpfer selbst sich als Urheber von allem (wieder)erkennt, quasi in den Film seiner Schöpfung eingestiegen ist und sich in allem und jedem sieht – vielmehr sieht (und weiß), dass er alles ist, alles erschaffen hat, die Ursache sowie die Wirkung, die Welle UND gleichzeitig der Ozean ist
- bringt eine unglaubliche Wärme mit sich, ein ungeahntes Maß an Empathie, die vollkommene Verzückung angesichts dieser wundervollen Illusion und die Liebe zu einfach allem, egal, wie es sich manifestiert hat, vollkommen urteilsfrei

- Auf dieser Stufe wird dir klar, dass du dir immer nur selbst begegnest, immer nur Selbstgespräche führst, egal, mit wem du dich unterhältst, und dir wird auch klar, dass du mich erschaffen hast, genauso, wie ich dich erschaffen habe (nicht zu verwechseln mit Solipsismus, der zwar ebenfalls besagt, dass nichts außerhalb des wahrnehmenden Bewusstseins existiert und Letzteres alles erschafft, was es wahrnimmt – wenn jedoch diese Annahme oder Überzeugung aus einem geringeren Bewusstseinszustand als dem Schöpferbewusstsein geboren wird, könnte diese leicht zu ungesundem Egoismus und Verantwortungslosigkeit führen, weil sie impliziert, dass alles »egal« ist und das eigene Handeln bzw. Nichthandeln keinerlei »Auswirkungen« hat, weil ja niemand da ist, außer man selbst – streng genommen stimmt sogar das, aber wenn ich unterstelle, dass wir als Schöpfer die reine Liebe sind, dann würde die Entdeckung des echten Schöpferbewusstseins nur in reiner Liebe zu aller Schöpfung zum Ausdruck kommen).
- Hier siehst du dann wirklich durch die »Augen« DES Schöpfers/DER Schöpferin und erkennst in allem und jedem reine Vollkommenheit.

Wie gesagt sind die Übergänge fließend, und man kann immer wieder Sonderformen beobachten wie zum Beispiel unter (radikalen) Veganern, die insofern globales Bewusstsein erreicht haben, als dass sie zwar einerseits das Wohlergehen von Tieren und Umwelt in ihre Überlegungen und Handlungen mit einkalkulieren, andererseits aber wiederum Menschen für die Abweichung von dem ihres Erachtens nach einzig richtigen Verhalten verurteilen (Omnivore, Vegetarier, Menschen, die zwar vegan essen, aber noch Lederschuhe (auf-)tragen ...). Dennoch hast du hier einen guten Überblick über die mögliche menschliche Bewusstseinsevolution.

Ein erweitertes Bewusstsein hat die Fähigkeit, sich in niedrigere Bewusstseinszustände hineinzuversetzen, ohne notwendigerweise »abzusteigen«, während dies umgekehrt nicht möglich ist und die (schrittweise) Erweiterung bis zum Erreichen des nächsthöheren »Levels« zunächst durch die entsprechende innere Arbeit vollzogen werden muss.

Q&As

Dieser Teil ist den Fragen gewidmet, die während meiner Arbeit an diesem Buch auftauchten bzw. während meiner Arbeit mit Klienten und von denen ich denke, dass ihre Beantwortung auch dir noch ein Stück weiterhelfen könnte.

Wieso verwendest du so viele englische Begriffe und Redewendungen?

Vor dieser Frage stehe ich nicht zum ersten Mal, und möchte ganz deutlich betonen, dass ich das nicht aus Respektlosigkeit der deutschen Sprache gegenüber tue. Ich liebe die deutsche Sprache. Meine Intuition, meine Inspiration spricht nun mal Englisch mit mir. Warum das so ist, kann ich nicht genau sagen. Vielleicht kommt es auch daher, dass ich viele Bücher und Artikel lese, Beiträge und Dokumentationen ansehe, vieles davon auf Englisch. Im Originalton sind die Bedeutungen von einzelnen Wörtern oder Sätzen oft etwas anders als in der Übersetzung, wodurch gewisse Bedeutungsfeinheiten häufig mit der Übersetzung verloren gehen – so mancher Gedanke oder manches geflügelte Wort verliert seinen »Wumms!«, seine Flügel, in einer anderen Sprache.

Deshalb lasse ich oft Sätze oder Worte so stehen, wie sie mir eben in den Sinn kommen bzw. ich übersetze sie zusätzlich oder ihr Sinn erklärt sich selbst im Kontext. Abgesehen davon möchte ich damit eingefahrene Denkmuster etwas aufweichen – die Öffnung unseres Geistes für Weiterentwicklung und Neues ganz allgemein kann sehr positiv zu unserem Leben beitragen. Darunter fällt auch die Offenheit anderer Sprachen gegenüber. Dazu kommt, dass, wenn wir auch andere Sprachen verstehen und sprechen können, wir einen umfasserenderen Zugriff auf Informationen erhalten. Es gibt nun mal so vielfältige Informationen, Ansichten und Einsichten, die nicht immer unbedingt (zu jedem Zeitpunkt) in allen Sprachen vorhanden sind. Um die besagten Bedeutungsnuancen erfassen zu können und ggf. nicht erst auf einen Übersetzer angewiesen zu sein, ist es so ungemein nützlich, nicht nur eine Sprache zu beherrschen. Man wird dadurch flexibler. Da Englisch inzwischen zur Business-Sprache und zur Sprache der Wissenschaft geworden ist und man sich dadurch fast weltweit (besser) verständigen kann, finde ich es sehr gewinnbringend, sie gut zu beherrschen.

Ich befasse mich seit Jahren mit Affirmationen – mich verwirrt das mit den Verneinungen. Ich habe gelernt, dass Aufmerksamkeit erschafft?!

Der zu Unrecht geschmähte Bruder der Affirmationen wird einfach oft missverstanden. Verneinungen und Formulierungen, die »nein«, »nicht«, »kein«, »nie« etc. enthalten sind einerseits sehr wertvoll, weil sie uns Klarheit darüber verschaffen, was wir nicht wollen. Damit wir uns andererseits umso stärker auf das fokussieren können, WAS wir wollen.

Dazu kommt, dass »das Positive« naturgemäß ca. 100 Mal stärker ist als »das Negative« – so kann man sich auch das Unerwünschte, Unangenehme ansehen, ohne gleich Angst haben zu müssen, man manifestiere/verstärke es. Es gilt nur, dem Unerwünschten keine übermäßige Aufmerksamkeit zukommen zu lassen. Wichtig ist einzig und allein, welche GEFÜHLE durch die Formulierungen ausgelöst werden, denn diese erschaffen am Ende. Wenn ich in einer neutralen Haltung verharren kann, dann kann ich wirklich jedes Thema zur Untersuchung heranziehen, um dann zu wählen, was ich will und was nicht.

Die »Paranoia«, die unter manchen Positiv-Denkern herrscht, ist insofern »gefährlich«, weil sie sich weigern, sich mit der anderen Seite der Medaille zu befassen – was aber durchaus sinnvoll sein kann, denn wenn es eine Sturmwarnung gibt, würde ich das schon wissen wollen, damit ich die Blümchen reinholen kann. Du weißt sicher, was ich meine. Und manche Zeitgenossen würden die Sturmwarnung einfach ignorieren und hoffen, der Sturm trifft sie nicht, was natürlich etwas kurz gedacht ist und mit hoher Wahrscheinlichkeit zu zerbrochenen Blumentöpfen führt. Es ist Zeit, diese »Lehre« etwas zu ergänzen.

Können wir Menschen jemals urteilsfrei werden? Wir urteilen doch ständig – dies gefällt uns, und jenes nicht!

Hier gilt es, zwischen »urteilen« und »wählen« zu unterscheiden. Letztlich sind das natürlich alles Wortklaubereien, aber ich versuche, verständlich zu machen, was ich genau damit ausdrücken möchte. Was sich ungünstig auf unsere Befindlichkeit auswirken kann, ist nur das Urteilen im Sinne von verurteilen, beispielsweise das Urteil über die Angemessenheit oder auch Unangemessenheit von Verhalten. Wenn ich die Person für ihr Verhalten verurteile, handle ich nicht gemäß meiner größeren Wahrheit, die nicht über die Person richten, sondern versuchen würde, ihr Verhalten zu verstehen. Ohne, dass ich in letzter Konsequenz das Verhalten gutheißen muss. Es ist nicht nötig, die Person dafür als »schlecht« zu befinden. Weil dies ebenfalls nicht die Wahrheit über die Person, über ihren wahren Kern, sondern nur über ihr Verhalten benennen würde.

Trotzdem kann ich eine Wahl treffen – nämlich, ob ich beispielsweise mit besagter Person (weiterhin) zusammenleben, eine Freundschaft pflegen oder was auch immer tun möchte. Ich kann wählen, ob ich das will oder nicht, deshalb muss ich die Person oder ihr Verhalten noch lange nicht verurteilen oder sie gar hassen. Wir sind ständig aus dem Kontrast wählende Wesen – und das ist auch gut so. Nur so können wir die vielfältigen Erfahrungen des Lebens (bewusst) erleben. So kann ich mich sehr wohl für eine Handlung entscheiden, sie wählen, ohne die Alternative verurteilen zu müssen und so entsprechende Schwingungen auszusenden. Wählen ist ein vollkommen natürlicher, gewollter Vorgang, der sich neutral bis freudig anfühlt. Urteilen hingegen ist der Vorgang, der unserem wahren Wesen nicht entspricht und sich daher nie wirklich gut anfühlt.

Wie kann ich feststellen, ob ich ein Thema wirklich erlöst habe oder ob ich mir selbst nur etwas vormache?

Das kannst du ganz einfach daran festmachen, wie du dich fühlst, wenn du über das bestimmte Thema nachdenkst. Voraussetzung dafür ist natürlich, dass du dabei ehrlich zu dir bist. Letztlich kannst das nämlich nur du wissen. Wenn es zum Beispiel um ein negatives Ereignis aus deiner Vergangenheit geht und du über dieses sprechen oder darüber nachdenken kannst, ohne dass die vormals unangenehmen Gefühle hochkommen, die du damit verbunden hattest (wie etwa Trauer, Hass, Missmut, Groll, Ärger …), dann ist das Thema erledigt. Es wurde erfolgreich erlöst. Sehr wahrscheinlich ist es dann auch aus deinen Gedanken verschwunden und kommt dir überhaupt nur in den Sinn, wenn jemand oder etwas dich daran erinnert. Du kannst also friedlich, neutral oder liebevoll über etwas nachsinnen bzw. sprechen, was früher so nicht möglich war.

Wenn dies nicht der Fall ist und mit einem bestimmten Thema auch die unangenehmen Gefühle wieder hochkommen, dann ist es noch nicht erlöst.

Du sprichst einerseits von anderen Menschen, andererseits behauptest du, es gäbe keine anderen …

Das hängt von der jeweiligen Perspektive ab. Natürlich gibt es andere Menschen, und natürlich hast du tagein tagaus mit ihnen zu tun. Auf der menschlichen Bewusstseinsebene sind sie also sehr real. Was ich damit meine, ist, dass du dein Bewusstsein bis auf die Schöpferebene erheben kannst, wo tatsächlich alles eins ist. Alle Menschen sind individuelle Ausdrücke des einen großen Ganzen. Deshalb ist es aus der wahrnehmenden Perspektive des Einzelnen immer so, dass er oder sie letztlich, wenn das Schöpferbewusstsein erreicht ist, als DIE Schöpferin oder DER Schöpfer empfinden und wahrnehmen kann – dann sieht die Schöpfung durch ihre/seine Augen auf sich selbst. Die Grenzen zwischen dir und den anderen, allem anderen, lösen sich auf. Gleichzeitig ist dir dieser Umstand bewusst, und du spürst, du weißt, dass alles du bist. In diesem Zustand gibt es tatsächlich nichts außer dir. Du bist alles, was ist.

Ich würde auch gern ein Buch schreiben, aber die Öffentlichkeit macht mir Angst. Wie gehst du mit Kritik um?

Grundsätzlich glaube ich, dass jeder Mensch ein Buch schreiben kann. Jeder hat seine ganz eigene Geschichte zu erzählen und/oder Erfahrungen zu vermitteln, von denen andere lernen können. Von diesem Standpunkt aus würde ich dir raten, dich nicht zurückzuhalten, sondern das mit der Welt zu teilen, wonach du das Bedürfnis hast.

Zugegebenermaßen war die »Öffentlichkeit« für mich auch einer der Faktoren, die ich innerlich überwinden musste, bevor ich mein erstes Buch veröffentlicht habe. Ja, man macht sich scheinbar angreifbar, wenn man sich »vor aller Welt« öffnet und zu dem steht, was einen ausmacht. Nur: Macht es mich aus? Was macht mich wirklich aus? Ich kann nur kritikempfindlich sein, wenn es noch ein Ego in mir gibt, das sich vor Kritik fürchtet. Ich identifiziere mich nicht mit dem, was ich schreibe – natürlich stehe ich dazu, aber es macht mich als Person nicht aus, berührt nicht die letzte Wahrheit über mich als unsterbliche Seele, die in ihrer menschlichen Verkleidung das tut, was sie als richtig empfindet.

Ich für mich habe das so gelöst: Ich unterscheide zwischen konstruktiver Kritik, Kritik, die nur Geschmackssache ist, und unsachlicher Kritik. Zu erster Kategorie zählen tatsächliche Verbesserungsvorschläge, die meine Einsichten oder meine Art zu arbeiten auf ein höheres Niveau anheben (können), und für diese bin ich dankbar, befasse mich selbstverständlich damit und ändere gegebenenfalls das, was ich als angemessen erachte. Zur zweiten Kategorie zählt für mich, wenn sich jemand an dem Wie stößt – wie ich schreibe, wie ich mich gebe. Das ist reine Geschmackssache, und ich bin nicht hier, um allen zu gefallen oder alle von meiner Wahrheit zu überzeugen. Wenn sich jemand an meinem Stil stört, dann heißt das einfach nur, dass diese Person nicht mit mir schwingt, was eben auch vorkommt. Glücklicherweise gibt es ja viele Lehrer, die etwas Ähnliches weitergeben, so besteht die Chance, dass diejenigen, die mit mir nicht klarkommen, die Message auf anderen Wegen, durch andere Lehrer erhalten.

Dann gibt es da noch die dritte Kategorie, die unsachliche Kritik – beispielsweise aus der Luft gegriffene Unterstellungen. Diese nehme ich natürlich nicht ernst, und sie berühren mich nicht, denn was auf alle Arten der Kritik zutrifft – und auf die letzte ganz besonders –, ist, dass sie grundsätzlich immer nur etwas über den Kritiker aussagen, nicht über mich in der Funktion als Autorin. Ich bin nur für das zuständig, was ich aussende. Und was dann beim Leser ankommt, wie es interpretiert, verstanden oder ob es gemocht wird, dafür bin ich definitiv nicht zuständig. Das will und kann ich nicht beeinflussen. Wenn beispielsweise jemand mit meinem Humor oder meiner lockeren Schreibweise nicht klarkommt, dann teilt diese Person gegebenenfalls einfach nicht meinen Humor, und es ist nicht an mir, ihr diesen nahezubringen.

Der Löwenanteil meiner Leser versteht sehr wohl, was ich sagen will, und auch die Art und Weise, wie ich es vermittle, und erkennt das Warum hinter dem Wie. Schau, wenn du etwas tust, egal was, dann setzt du dich immer potenzieller Kritik aus – selbst wenn du nichts tust, kommt garantiert jemand, der das dann kritisiert. Zugegeben, ein Buch zu veröffentlichen mag den Radius deiner möglichen Kritiker erweitern, doch im Prinzip ist es dasselbe wie mit allem im Leben: Du wirst Leute haben, die mit dir auf einer Welle surfen und andere eben nicht. So ist das nun mal in der Dualität. Lasse dich dadurch nicht abhalten, zu tun, was du von Herzen tun möchtest – du wirst die »Richtigen« erreichen, die, die mit dir schwingen – und das ist völlig ausreichend. Gerade, wenn du sensible Themen wie Glauben, Spiritualität, Sexualität und dergleichen ansprichst, kannst du dich darauf einstellen, dass du polarisierst. Es ist, wie es ist. Lerne, das zum Wohle derer, die dich sehr wohl verstehen, die du erreichen und denen du helfen kannst, auszuhalten. Wenn du dich von Unkenrufen und/oder Ängsten aufhalten lässt, bringst du diejenigen um die Lektüre deines Buches, die es sehr wohl wertschätzen würden – und das wäre schade.

Wie kann ich den Umgang mit anderen entspannter gestalten, d.h. wie kann ich meinen inneren Frieden bewahren, wenn um mich herum Menschen sind, die diesen permanent stören?

Ich bin etwas belustigt, weil ich diese Frage ausgerechnet in dem Moment beantworte, in dem es hier ziemlich laut ist. Es ist gerade Ostern, und in der Nachbarschaft verbringt eine sehr temperamentvolle, um nicht zu sagen rücksichtslos laute Familie mit kleinen Kindern ihre Feiertage. Ich muss zugeben, dass es unter diesen Umständen schwerer ist, den inneren Frieden zu wahren. Doch unmöglich ist es nicht. Ich sehe es als Gelegenheit, mich darin zu üben, auch »im Sturm« ruhig zu bleiben und die Umgebung so gut es geht auszublenden, mich transparent für alles Unerwünschte zu machen. Anders würde es natürlich aussehen, wenn ich dauerhaft solche Nachbarn hätte. Dann würde ich irgendwann das ruhige Gespräch suchen und versuchen, einen Konsens zu finden.

Denn aus meiner Sicht ist es nicht so, dass wir jedes (rücksichtslose) Verhalten von anderen dulden müssen, um in unserer Mitte bleiben zu können. Du solltest nichts schlucken, nur um des lieben Friedens willen. Ich würde dir raten, ebenfalls zu unterscheiden, wie angemessen deine Reaktion oder Nichtreaktion im einzelnen Fall sein mag. Ist es eine vorübergehende Situation – so wie meine gerade –, dann würde die Konfrontation wahrscheinlich mehr Zeit und Energie verschwenden, als nötig ist. Ich würde es unangemessen finden, das Gespräch zu suchen und eventuell noch auf Unverständnis zu stoßen, wo sich die Umstände bald ohnehin von selbst wieder ändern.

Wenn du jedoch Personen um dich hast, die permanent rücksichtsloses Verhalten an den Tag legen, und es nicht absehbar ist, dass sich das Thema bald von selbst erledigt, würde ich dir dazu raten, das ruhig und gelassen mit den Verursachern im Dialog zu klären – oft ist den Menschen gar nicht bewusst, was sie tun oder wie ihr Verhalten auf andere wirkt. Die Konfrontation in einem solchen Fall vermeiden zu wollen, kann eine Angstreaktion des Egos sein, das sich vor einer Auseinandersetzung fürchtet und sich einredet, innerer Friede müsse hergestellt werden, auch wenn von außen jemand darauf herumtrampelt. Es gehört zu einer gesunden Selbstliebe, für deine Rechte einzutreten und diese zu artikulieren.

Zudem würde ich mich fragen, wie diese Situation überhaupt in mein Leben gekommen ist, denn aus einem gewissen Blickwinkel ist es so, dass unser innerer Friede sich im Außen spiegelt – sprich, je mehr inneren Frieden du hast, desto seltener wirst du mit Faktoren (Situationen und Menschen) zusammentreffen, die diesen potenziell stören könnten.

Worauf kommt es aus deiner Sicht in unserer heutigen Zeit besonders an?

Mehr denn je braucht die Welt mutige, authentische Seelen, die sich trauen, sich von der Konformität der Massen abzuheben. Authentizität ist ohnehin das Spirituellste, das du verkörpern kannst. Letztlich ist alles Spirit – Materie ist Geist in verdichteter Form. So gibt es aus dieser Perspektive nichts, was unspirituell sein könnte. Traue dich, deine Authentizität zu leben, mit allem, was dazugehören mag. Wir müssen nun nicht krampfhaft versuchen, individuell zu sein (denn das ist jeder von uns ohnehin) oder gegen den Strom zu schwimmen. Es reicht vollkommen aus, wenn du entdeckst, wer du wirklich bist, und deine Wahrheit, deinen wahren Wesenskern lebst.

Und wie gesagt: Wir sind nicht hier, um von allen geliebt zu werden oder es allen recht zu machen. Wenn du dies in der Dualität versuchst, kannst du nicht glücklich werden. Deshalb musst du den Mut entwickeln, zu polarisieren. Vielleicht hilft es dir, zu wissen, dass wir uns auf der ultimativen Ebene sowieso alle lieben – weil wir Liebe sind. Byron Katie hat dazu mal etwas Tolles gesagt. Ich glaube, sie antwortete auf die Frage, wie sie es schafft, nicht nervös zu sein, wenn sie vor vielen fremden Menschen spricht. Sie sagte daraufhin sinngemäß: »Ich mache mir einfach klar, dass mich all diese Menschen lieben. Sie wissen es vielleicht nur nicht.«

Kannst du mir mit einem Satz den Sinn des Lebens erläutern?

Oh je, da fragst du die Richtige, ich bin ja eher eine Freundin vieler Worte und beleuchte die Dinge gern aus verschiedenen Perspektiven. Aber wenn ich mich auf einen Satz beschränken sollte, so lautete dieser:

Ich bin hier, um mich an der Schöpfung zu erfreuen.

Nichts weiter. Andere mögen für sich den Sinn des Lebens anders definieren, doch ich sehe mich, seit ich Einblick in das Schöpferbewusstsein erhalten habe, wie ein Filmemacher, Regisseur und Schauspieler in einer »Person«, die diese Lebenserfahrung erschaffen hat, um dann selbst in den Film einzusteigen und um diese wundervoll vielfältige Kreation möglichst authentisch zu erfahren, – wie ein interaktives Computerspiel mit unfassbar guter Auflösung und spannenden Charakteren sowie unendlich vielen Spielmöglichkeiten. Dabei wurde ich zusätzlich zum Regisseur/Filmemacher noch zum Schauspieler und habe eine Zeit lang vergessen, dass ich auch der Regisseur bin. Mit diesem Wissen ist alles, einfach alles völlig faszinierend und wunderschön.

Danksagung

Diesen Teil des Buches möchte ich gerne nutzen, um meine tiefe Dankbarkeit gegenüber jenen Seelen auszudrücken, die mich inspiriert und mich tatkräftig dabei unterstützt haben, dass auch dieses Buch geboren und schließlich veröffentlicht werden konnte. Ich möchte ausdrücklich darauf hinweisen, dass diese Danksagung nicht nach Prioritäten gegliedert ist – jede Inspiration, jede helfende Hand, jegliche Unterstützung, egal, wie »gering« sie erscheinen mag, hat letztlich zu diesem Endergebnis geführt.

Heidi und Markus Schirner: Danke für die erneute Gelegenheit, ein Buch mithilfe eures wundervollen Verlages zu veröffentlichen. Ihr tragt so viel Schönheit, Liebe und erhöhtes Bewusstsein in diese Welt – danke dafür, danke, für euer unermüdliches, liebevolles Tun. Ich umarme euch von Herzen.

Kerstin: Danke dir für die wunderbare Zusammenarbeit auch dieses Mal. Ich könnte mir keine bessere Lektorin wünschen, und ich bin sehr froh, dich auch dieses Mal an meiner Seite gehabt zu haben. Danke für deine tolle Arbeit! Love you!

Danke an dieser Stelle auch an all die »unsichtbaren« Kräfte, die an der Entstehung eines Buches beteiligt sind – von der Herstellung bis zum Marketing, vom Layout bis zur Messe-Organisation. Danke an das gesamte Schirner-Team!

Papa: Vielen lieben Dank, dass du mich nach wie vor verständnisvoll und unterstützend begleitest. Dafür, dass du mich gelehrt hast, die Dinge »trotz allem« mit Humor zu sehen und zur rechten Zeit eine weitere, umfassendere Perspektive einzunehmen. Ich liebe dich für

DANKSAGUNG

so vieles mehr – danke, dass du für mich da bist und immer da warst. Deine Mausi, die dich sehr liebt.

Stanley: Dickes, fettes Dankeschön für deine großartige, liebevolle Unterstützung während meines Schreibprozesses. Danke für dein Verständnis in den »konzentrierten Zeiten« und vor allem auch für die leckeren Mahlzeiten, mit denen du mich währenddessen vor dem sicheren Hungertod bewahrt hast. Du bist der beste Freund, Koch, multitalentierte Unternehmer und Webseitenfreak und einer meiner größten Lehrer. Ich liebe dich. Danke für alles!

Heike Rosa: Danke an die genialste Ersatzmama. Du bist so herzlich, so bodenständig und gleichzeitig auf herzerfrischende Art so crazy – ich bin happy, dich in meinem Leben zu haben. Danke für alles, was du für mich tust und getan hast. Ich liebe dich, du verrückte Nudel!

Jonathan: Thank you for having my back – still. You are such an amazing soul, proving over and over that this world is a good place because it has people like you on it. I lack the words to express my gratitude to its full extent. My books wouldn't exist without you – you helped me to touch so many souls with love. What you are doing for me is making a huge difference not only in my life but also in those of my readers. Thank you for that, too. I love you.

Sonja Ariel: Du wundervolle Göttin – ich bin sehr glücklich, dir begegnet zu sein, und danke dir aus tiefstem Herzen für die wundervollen Gespräche, die tiefen Einsichten daraus und natürlich für dein leuchtendes Sein auf dieser Welt. Liebe dich, tolle Kollegin.

Petra: Du bist mir eine wahre Freundin und immer wieder ein leuchtendes Beispiel für Gutherzigkeit, Großzügigkeit, Seinsfreude und Nachsicht. Ich bin so froh, dass du in mein Leben getreten bist (dasselbe gilt auch für deine Jungs). Danke, dass es dich gibt, und danke für alles, was du sagst, bist und tust. Liebe dich sehr!

Jeanne: Danke für dein wundervolles Vorwort, das mir jedes Mal beim Lesen erneut auf angenehme Weise eine Gänsehaut zaubert – du schaffst es, in deinen Worten so viel Liebe mitschwingen zu lassen. Darin bist du mir ein zauberhaftes Vorbild. Danke auch für deine wertvolle Arbeit, die außer mir schon weitere, unzählige Leser und Seminarteilnehmer erreicht und glücklich gemacht hat. Danke für deine lichtvolle Präsenz und deine unfassbar offenherzige Art – du bist wahrhaft eine Göttin der Neuen Zeit und ich liebe dich!

Christina: Deine Präsenz in meinem Leben hat so einiges bewirkt. So mancher Tritt in den göttlichen Hintern war nötig, aber dank dir erreiche ich mehr Menschen und kann meine Arbeit besser präsentieren. Du hast mir die Angst vor der Sichtbarkeit genommen, und dafür danke ich dir von Herzen. Auch dafür, dass du stets eine präsente, liebevolle Beraterin und Freundin bist, möchte ich dir von Herzen danken. Love you.

Danke an Marion für dein inspirierendes Sein und dein strahlendes Wirken auf dieser Welt, das sich unter anderem durch deine zauberhafte Handwerkskunst ausdrückt. Ich danke dir von Herzen für die wundervolle Mala (siehe Autorenbild auf S.259), die ich gar nicht mehr ablegen möchte. Blessed be, du wundervolle Seele.

www.marionreiter.at

Mein weiterer Dank gilt meinen wundervollen Kolleginnen und Kollegen, die so wunderbare Arbeit leisten und abgesehen davon durch ihr lichtvolles Sein allein so viel bewirken. Um nur einige wenige zu nennen: Danke an Silvia Maria Engl, Beate Seebauer, Wibke-

DANKSAGUNG

Martina Pualani Schultz, Anne-Mareike Schultz, Marlis und Marcus (Rainbow Yogi), Britt Cornelissen, Claudia Heinke, Claudia Ruhnau und so viele weitere kreative Seelen mit einer wunderbaren Mission hier auf unserer schönen Erde.

Ich danke all meinen Leserinnen und Lesern, die mein erstes Buch zu einem Erfolg gemacht haben und mir den Mut gaben, ein weiteres zu schreiben, um noch mehr ermutigende, selbstermächtigende Botschaften in die Welt zu tragen. Ich danke euch für eure lieben Worte, eure Wertschätzung für meine Arbeit, euren Humor, eure Unterstützung, eure gigantischen Rezensionen, eure Liebe. Auch danke ich euch dafür, dass ihr meine Arbeit weiterempfehlt und die »frohe Botschaft« so noch mehr Menschen zugänglich macht – was uns glücklich macht, sollten wir teilen. Das ist wahre Schwesternschaft, wahre Bruderschaft, auch andere glücklich sehen zu wollen und das, was funktioniert, nicht für sich allein zu behalten. Und ihr lebt genau das. Ich danke euch und verneige mich vor euch. Meine Liebe geht an euch – massenweise!

Des Weiteren danke ich allen Lehrern, die vor mir kamen bzw. gleichzeitig mit mir aktiv sind, für die Inspiration. Ich danke allen, die den Mut hatten, zu ihrer Wahrheit zu stehen, ihren eigenen Weg zu gehen und ihre Einsichten dann zu teilen – mithilfe von Büchern, Filmen, Videos und sonstigem. Ich habe größten Respekt vor den (spirituellen) Pionieren, die die Wahrheit suchen, finden und verbreiten, selbst wenn (und gerade dann) sich diese Erkenntnisse abseits vom Mainstream befinden. Danke für euren Einsatz, eure Energie und eure Bereitschaft, euer gesamtes Leben in den Dienst des Erwachens der Menschheit zu stellen. Für die Erlangung eines goldenen Zeitalters. Ohne euch hätten die nachfolgenden Generationen immer wieder von vorne anfangen müssen. Eure Arbeit ist so unendlich wertvoll.

An alle, die mein Leben in irgendeiner Weise berührt haben, egal, ob live, per E-Mail oder via Facebook® etc. und mich zum Nachdenken, Aufwachen, Handeln, Lachen, Weinen, Toben, Tanzen, Fliegen und Landen angeregt haben: Ich liebe euch und danke euch für euer Sein. Allein wäre es doof hier! ;)

Zuletzt möchte ich der Existenz selbst danken, die es uns ermöglicht, unsere Erfahrungen zu machen in dieser bunten, faszinierenden Illusion, die wir Leben nennen. Ein fantastisches, täuschend echtes Meisterwerk – die Bühne für die vielfältigsten, bezauberndsten, grausamsten, schönsten, hässlichsten und atemberaubendsten, oft auch ganz leisen, demütigen Erfahrungen – aus der Sicht von uns Menschen. Danke für diese Gelegenheit. Danke für das Jetzt, das Sein, das Nichtsein, all of it. Infinite love forever, eternity.

ÜBER DIE AUTORIN

Sonja Szielinski wurde 1978 in Bayern geboren und wuchs dort auf. Nach dem Abitur im Jahre 1999 sammelte sie Erfahrung in den verschiedensten Berufen – von der Automobilverkäuferin bis zur Seminarleitung. Ein Burnout im Jahre 2007 markierte den Beginn ihres spirituellen Erwachens. Sie begann, die wirklich wichtigen Fragen des Lebens zu stellen und fand glücklicherweise Antworten darauf, die ihr Leben drastisch zum Besseren wendeten. Ihr so erworbenes Wissen hat sie in ihrem ersten Buch »The Goddess Attitude: Die Haltung einer Göttin oder Wie werde ich unwiderstehlich?« verarbeitet. Seither gibt sie ihr Wissen auch auf ihrem Blog und durch ihre Tätigkeit als Heilerin und MentalCoach weiter. Sonja ist unter anderem ausgebildet in ThetaHealing und NLP. Ihre erklärte Mission ist es, so vielen Menschen wie möglich dabei zu helfen, ihre Lebensfreude (wieder) zu finden, damit diese ein glückliches, selbstermächtigtes Leben nach ihren eigenen Vorstellungen führen können.

www.thegoddessattitude.de

DER E-KURS
ZUM BUCH

Liebste Göttin, ich freue mich, dir mitteilen zu können, dass meine geschätzte Freundin und Kollegin Petra Schwehm (www.petraschwehm.de) und ich einen Online-Video-Kurs erschaffen haben, der dir helfen kann, das Wissen aus diesem Buch zu vertiefen und noch besser zur Anwendung zu bringen.

Natürlich kannst du den Weg zur Supergöttin vollkommen alleine beschreiten, doch falls du Freude daran hast, dich mit Petra, mir und vielen gleichgesinnten, lieben Göttinnen und Göttern zu verbinden, dann ist dieser Kurs sicherlich für dich geeignet.

Unter www.supergoettin.de erfährst du mehr. Hier gelangst du zu weiterführenden Informationen sowie zum Bestellformular und du erhältst Einsicht in die Termine, zu denen wir den Kurs aktiv in der dazugehörigen Facebook®-Gruppe begleiten. Unabhängig davon kannst du den Kurs jederzeit erwerben und ihn für dich alleine und in deiner eigenen Geschwindigkeit durcharbeiten.

Vielleicht sehen wir uns ja dort – wir freuen uns auf dich!

Namasté
Sonja

Bildnachweis

Autorenfoto auf S.259: ©Rebecca Green

Coverbild: ©Konstantin Dahlem

Bilder von der Bilddatenbank Shutterstock (www.shutterstock.com):

Schmuckelemente: 39801316 (LiluDallas), 63945769 (AnastasijaD), 79499875 (Pim), 93555529 (Pim), 94442533 (Pim), 113988283 (Pim)

S.16 #374286745 (KannaA), S.24 #413699050 (Aysezgicmeli), S.27 #370167446 (a_bachelorette), S.28 #79499875 (Pim), S.31 #279764183 (Iliveinoctober), S.38 #323170184 (Anna Kutukova), S.46 #286067999 (Anna Kutukova), S.49 #173981447 (abstract), S.67 #402657142 (Yulia Petrova), S.75 #321140744 (Anna Kutukova), S.77 #413705575 (Aysezgicmeli), S.78 #113988283 (Pim), S.92 #147941165 (Wiktoria Pawlak), S.97, S.104, S.109 #395686093 (Fukurou), S.113 #305743589 (wow.subtropica), S.116 # 320811944 (Anna Kutukova), S.121 # 313517876 (Anastasiia Gevko), S.122 #113988283 (Pim), S.124 #369743540 (cruzonstudio)/ #372537742 (cruzonstudio), S.128 #335175422 (Anna Kutukova), S.132 #269788394 (Nikolaeva), S.134 #94442533 (Pim), S.137 #303136676 (Gorbash Varvara), S.142 #369998942 (AngelinaKo), S.143, S.148 #364445876 (OkPic), S.149, S.154 #364445819 (OkPic), S.160, S.165 #364445855 (OkPic), S.166 #364445846 (OkPic), S.172 #364445906 (OkPic), S.179, S.185 #364445861 (OkPic), S.186 #369743540 (cruzonstudio), S.193 #397567807 (samui), S.195 #383692450 (Anna Kutukova), S.199 #352219514 (Nikolaeva), S.200 #299088848 (Anna Kutukova), S.203 #323913503 (Anna Kutukova), S.204 #79499875 (Pim), S.206 #358787723 (Anna Kutukova), S.211 #411712129 (chekart), S.212 #360832982 (babayuka), S.215 #291608234 (Dinara May), S.220 #314035130 (wow.subtropica), S.223 #320810219 (Anna Kutukova), S.241 #316336349 (Ruslana_Vasiukova), S.244 #321140336 (Anna Kutukova), S.246 #395947468 (Vectorboost), S.251 #408130609 (Fafarumba), S.253 #401342350 (Anna Kutukova), S.258 #319852619 (Olly Molly)

Ebenfalls von der Autorin erschienen im

Sonja Szielinski

The Goddess Attitude
Die Haltung einer Göttin oder
Wie werde ich unwiderstehlich?

ISBN: 978-3-8434-1171-4

»Ich schrieb dieses Buch für Frauen,
die nicht das Leben ihrer Träume leben ...«

... noch nicht, denn mit der richtigen Einstellung, der Haltung einer Göttin, ist es ganz einfach, glücklich, erfolgreich, sexy – schlichtweg unwiderstehlich zu sein!

Frech, mit viel Humor und mit dem Charme einer wahren Göttin zeigt Sonja Szielinski, wie wir für die Segnungen des Kosmos so anziehend werden, dass sie uns direkt in das Leben unserer kühnsten Träume katapultieren: von den Basics, wie der Frage, was uns eigentlich so göttlich macht, über das nötige Know-how zur Aktivierung der GoddessAttitude bis hin zu speziellen GoddessRituals, die uns dazu bringen, unser göttliches Strahlen Tag für Tag in die Welt zu tragen.